Risas y SONRISAS

Spanish Program for Kids

By Leticia Smith

www.spanishforkids.com

BOOK:

Author:	Leticia Smith
Graphic Designers:	Carlos Díaz, Guadalupe López, Melanie Schmidt-Dumont, Marco Peñaloza
Layout:	María Eugenia Oporto, Reynaldo Tito López
	Chris Kelland - www.Kolorspace.com
Cover Design:	Adriana Reinking, David Hanshaw
Photography:	www.Clicksandfun.com
Edited by:	María Eugenia Oporto, María del Valle Sancho-Sanchez, Angela Smith, Donald R. Rincon

CD-ROM:

Development:	Antonio Butron, Bill Smith
Voice talent:	Sofía Casas-Reinking, Paola Portilla, Cecilia Portilla
Voice recorded at:	Parrot Tracks, Christopher Smith Studios
Song Lyrics by:	Leticia Smith (except for songs 8, 14, 17, 21, 23, 25, 26, 39)
Performed by:	Leticia, Trevor and Michelle Smith
Music played by:	David Speer, Jamie Hilboldt
Recorded, Mixed and Mastered	Parrot Tracks Studio, ShakeSpeer Studio
Cover Photography:	Clicks & Fun, Crystal Morales

DVD:

Camera, Editing, Development	Marco Antonio Marmolejo Ramírez
Actors:	Ricardo Melo, Cecilia Portilla, Paola Portilla, Emilia Ruiloba, Francisco Ruiloba

*"When you follow your dreams and pursue your own personal legend,
the whole universe conspires to help you achieve it."
The Alchemist by Paulo Coelho*

Many thanks...

to my students for giving me inspiration,
to my family for giving me support,
to my friends for giving me encouragement,
and to all the people who helped me along the way...

About the Author:

Leticia Smith is from Mexico City and has lived in the U.S. for over 20 years. She graduated from Texas State University and received an Accelerated Learning certificate from the University of Houston. She has fourteen years of experience as a Spanish instructor teaching students in elementary schools.
Leticia developed the "Risas y Sonrisas" Spanish Program for Kids which is now being used in several schools in the Austin area and many other cities around the U.S.

IMPORTANT REASONS

1. Spanish is the third most widely spoken language in the world.

Over 250 million people speak Spanish as their native language in these countries:
Mexico, Cuba, Dominican Republic, Puerto Rico, Belize, Costa Rica, El Salvador, Guatemala, Honduras, Nicaragua, Panama, Argentina, Bolivia, Chile, Colombia, Ecuador, Paraguay, Peru, Uruguay, Venezuela and Spain.

Just think of how much fun you'll have and how warmly you will be welcomed when you travel to these countries and speak the language of the people who live there.

2. Spanish is the most popular second language spoken in the U.S.

Because of our proximity to Mexico and other Spanish-speaking countries, there is a large volume of Hispanic immigrants in this country.

You will have more job opportunities in the future if you speak the language of the largest minority group in this country.

3. Spanish and English share many words in common.

Most of these words are from Latin origin. For this reason, our English vocabulary expands when we learn Spanish. And with Spanish as a foundation, it will be easier to learn other romance languages such as Italian, Portuguese and French.

You will find out that learning Spanish is easy...You already know many words; you just don't know that you do!

hamburguesa   planta   bebé   gasolinera   soda

tortuga   tomate   radio   mosquito   limón

motocicleta   tenis   robot   piano   armadillo

TO LEARN SPANISH

4. Learning a second language enhances your own.

Learning a second language allows us to better understand English grammar. It is easier to understand grammar concepts when there is another language structure for comparison. It is proven that students who learn a foreign language excel in college entrance exams.

The more connections you feed to your brain, the smarter you will be!

5. Languages are best learned while you are young.

There is evidence that children acquire languages more rapidly than adults do because young brains process new words more efficiently.

Take advantage of the great opportunity you have now to learn a new language while you are young.

6. Spanish is fun and easy to learn!

You will remember Spanish if your learn it while having fun, using speed learning techniques such as music, pictures, color, patterns, associations and lots of games played in class with Risas y Sonrisas.

Learning a new language is exciting. It may help you make new friends and take you to adventurous places.

Tulum, Mexico

Valle de la Luna, Bolivia

Machu Picchu, Peru
Photo courtesy of Dr. Byron Augustin

ABOUT THIS BOOK

The **"Risas y Sonrisas"** program is an interactive, visual and auditory set of tools to learn Spanish in a fun and easy way. The multisensory presentation promotes the student's interest in learning proper pronunciation of vocabulary, frequently used Q&A, songs, conversation skits and practical grammar concepts.

Just like the Hispanic culture, this is a vibrant colorful program. Color is a powerful memory tool. It is used throughout this book to highlight important facts, to identify color-coded words, to emphasize repeated patterns and to enhance content to make it fun and interesting.

"Risas y Sonrisas" is appropriate for different age groups and levels. Young children who have not yet learned how to read benefit from the attractive pictures, the catchy songs and common phrases in this book. Older children who can read enjoy learning the same as non-readers. However, they may be ready to learn more advanced phrases and grammar concepts such as pronunciation, masculine-feminine, adjectives, verb conjugations, telling time, acting skits and more. This program provides the right elements for students of all ages, including adults, to learn at their own skill level and at their own pace.

Guidelines for students to follow:

Pronunciation

Learn the rules for pronunciation so that you can read and begin using new words in Spanish. Use the CD-ROM included in this book to practice the pronunciation of cognate words. These words can help you to quickly acquire vocabulary. You already know them in English, so they are great words to learn pronunciation in Spanish.
If you have the "Cognate Pictures Folder and audio CD," look and listen at the words, then repeat. Draw the pictures and names of the cognate words you use the most in order to create your own book of easy words.

silent "H"

hamaca	hospital
historia	hora
héroe	alcohol
horizonte	horrible
humor	
húmedo	

Cognate Picture Folder and audio CD

Songs

The songs play a vital role to learn the vocabulary. Pick a unit of vocabulary that you want to learn and follow along with the song for that unit either by looking at the pictures in the book, by reading and repeating each line in the CD-ROM or by following the song lyrics included in this book.

If you have "Sign and Sing Songs to learn Spanish," you can incorporate American Sign Language to learn the signs to the words in the songs included in the book. If you have the Music CD "Songs to learn Spanish," listen to the songs while you're in the car or at any time you have an opportunity.

Songs to learn Spanish CD

Sign and Sing DVD

Vocabulary

To practice the vocabulary, look at the pictures from the book along with the CD-ROM. Click on the pictures to listen to the pronunciation and repeat the words in order to master the vocabulary. At the end of each chapter, you will find lists of vocabulary in Spanish and English. When you feel you have mastered a vocabulary unit, test yourself. Cover one column and try to say the words either in Spanish or in English.

If you have the "Flashcard Set," practice the vocabulary by playing the matching domino game or use these pictures as flashcards to play other games.

Matching Domino - Flashcard Set

Questions

To promote conversation, listen to the pronunciation and repeat the frequently used Q&A from the book and the CD-ROM. The yellow highlighted vocabulary can be exchanged to form new meanings. The underlined vocabulary represents each individual's answer. Substitute the yellow highlighted and the underlined words in the Q&A with new vocabulary to increase your conversational skills.

If you have the "Flashcard Set," you can read and practice the Q&A anywhere you go. The colorful front is in Spanish and the back in English. Each color represents Q&A learned in each Vocabulary Unit.

36 ¿Qué hay en **el zoológico**?	En **el zoológico** hay elefantes, tigres y osos.
What is (there) in the zoo?	*In the zoo there are elephants, tigers and bears.*
37 ¿Cuál te gusta más **la jirafa** o **el mono**?	Me gusta más **el mono**.
Which do you like better (more) the giraffe or the monkey?	*I like the monkey better. (more)*
38 ¿Dónde vive **la ballena**?	La ballena vive en el océano.
Where does the whale live?	*The whale lives in the ocean.*

Questions & Answers - from the book
Q&A with English in the back - Flashcard Set

Conjugations and Sentences

Verbs and Personal Pronouns are the most important elements of a sentence. This program offers hands-on activities such as matching verbs with personal pronoun pictures and their endings to help you understand conjugations in the Past, Present and Future. You can use the CD-ROM included in this book to introduce you to this concept by looking at the verb changes when they are conjugated.

If you have the "Flashcard Set," you can practice conjugations using the Personal Pronoun Pictures with slits and the Verb Word Cards to insert in the slits and make your own sentences in the past, present and future.

Conjugation Flashcards

  cuaderno  escuela  lápiz

Tú	escribes	en	el	cuaderno	de	la	escuela	con	el	lápiz
You	*write*	*on*	*the*	*notebook*	*of*	*the*	*school*	*with*	*the*	*pencil*

Conversation Skits

The skits summarize the content of each unit's vocabulary and Q&A using practical conversations.

At the end of each chapter, skits are presented so that students can learn them and act them out if possible. On the left column they are in Spanish with red and blue to represent each character and on the right column they are in English. The "Conversation Skits" DVD included in this book allows the student to listen to the whole skit then read and repeat any line by rewinding and pausing where needed.

Conversation Skits DVD

Cultural Point

It is important to learn a new language along with their culture. After each chapter in this book, read something interesting related to the Hispanic culture. And to learn more, there are a wide variety of sources in most libraries that will help you better understand the culture of our neighbor countries. Travel if you can, because it's a great way to expand your own vision of the world.

Learning a new language is a continuous process. It requires practice... **Enjoy it!**

Songs	High Frequency Questions

Chapter 1

Pronunciation
Numbers 0-10
Colors
Shapes
Greetings
Estar - Conditions
Questions & Answers 1-15
Skit 1 - The Interview
Cultural Point - Last Names
Vocabulary Summary

LAS VOCALES
Vowels

Look

The key to learning to read in Spanish is to remember that vowel sounds are short, and they always sound the same...

A, E, I, O, U

In English, vowel sounds can change from word to word and carry a trailing sound...a-eii, i-aii, o-ouu, u-yu.
In Spanish, you read all the vowels. There is **never a silent e** at the end.

Warning! ⊗

The **u** is the only vowel that may be silent and only between
q - e,i and **g - e,i**:
  q**u**e – raq**u**eta
  q**u**i - q**u**ieto
  g**u**e - hamburg**u**esa
  g**u**i - g**u**itarra
In very few words, you do read the **ü** in g**ü**e, g**ü**i if it has two little dots on the top (called diéresis):
  g**ü**e - biling**ü**e
  g**ü**i - ping**ü**ino

Like the "**ahh**" you give to the doctor when he is checking your throat. But, don't stick your tongue out!

Like the "**e**" in **e**gg.

egg

 sk**i**

Like the "**i**" in sk**i**
The vowel "i" in Spanish is pronounced as the vowel "e" in English.

Like the "**o**" in **o**range.

orange

Like the "**u**" sound of monkeys going **oo oo**...or like S**u**e, tr**u**e, d**o**

LAS VOCALES
The Vowels

A, E, I, O, U

¿Cuántos años tienes tú?
How old are you?
(How many years do you have?)

Tengo # años.
I am # years old
(I have # years)

Here are some words in Spanish you may know that include all the vowels:

binoculares – binoculars
ocupaciones – occupations
cuestionario – questionnaire
pterosaurio – pterosaurs
eucalipto – eucalyptus

Song 2

LOS NÚMEROS DEL 1-10
Numbers from 1-10

1 uno 2 dos 3 tres 4 cuatro
5 cinco 6 seis 7 siete...
8 ocho, 9 nueve y 10 diez...
1, 2, 3, 4, 5, 6, 7

It's impotant to master the numbers 1-10 They will keep repeating as you continue to count to higher numbers. Learn to count forward and backward. Use your fingers to say numbers 1-10 in different order.

Questions 1

1 ¿Cuántos años tienes (tú)?
*How old are you? (How many **years** do you have?)*

(Yo) Tengo 9 años.
I am 9 years old. (I have 9 years.)

 0 cero

 1 uno
 2 dos
 3 tres
 4 cuatro
 5 cinco

 6 seis
 7 siete
 8 ocho
 9 nueve
 10 diez

© 2009 Risas y Sonrisas Spanish for Kids

LAS CONSONANTES
Consonants

There are few differences between consonant sounds in Spanish and English.
Except for the "C," the following consonant letters have a different sound in Spanish:

silent "H"

h **Is always silent.** It's like an ornament, so ignore it except when it's next to a "c." Then it sounds the same as "ch" in English.

ll to y "yes"

ll Sounds like the letter **y** in **y**es.
lla/**ya**, **ll**e/**ye**, **ll**i/**yi**, **ll**o/**yo**, **ll**u/**yu**

Look

Spanish and English have many words in common called *cognates* or *cognados*.
The main difference is in their *pronunciation* or *pronunciación*.

Pronunciación 1

hamaca	húmedo	tortilla	villa
historia	hospital	batalla	quesadilla
héroe	hora	millón	brillante
horizonte	alcohol	medalla	collar
humor	horrible	camello	

4

rolling rr's

rr Roll your "**rr**'s" only when the **r** is the first letter of a word, or when there are two **rr**'s in the middle of a word.

To roll your "**rr**'s," place your tongue against the roof of your mouth. Press your tongue and without separating the tip, exhale hard and say **t-rrrr, t-rrrr, t-rrrr** ...or try making the sound of a running motorcycle **rrrroooom, rrrroooom**

ñ Sounds like **nya-nya-nya-nya-nya-nya**...you can't get me" In English this sound is made with an **ny** like in the word ca**ny**on.

nya-nya-nya

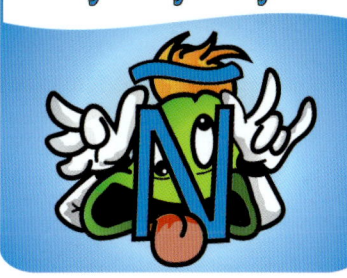

V to B "baby"

V Sounds more like the letter **b** as in **bab**y **v**a/**b**a, **v**e/**b**e, **v**i/**b**i, **v**o/**b**o, **v**u/**b**u

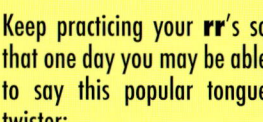
Pronunciation 3

Keep practicing your **rr**'s so that one day you may be able to say this popular tongue twister:

r con **r** - ciga**rr**o
r con **r** - ba**rr**il

Rápido co**rr**en los ca**rr**os cargados de azúcar del fe**rr**oca**rr**il

 **Warning!**

Don't get into the habit of learning to read in Spanish, using Engish phonetic sounds. For example, you might see the word "importante" with the English pronunciation "eem-por-tahn-tee." Doing this will only slow you down towards your goal of learning to read in Spanish.

Remember

Sometimes for spelling the letter **b** is called "big b" (b grande) and letter **v** is called "small v" (v chica).

Pronunciation 2

ca**rr**era	i**rr**egular
ca**rr**o	**r**osa
te**rr**ible	**r**ata
ba**rr**il	**R**oma
g**rr**itarra	**R**oberto

monta**ñ**a	compa**ñ**ía
se**ñ**al	ca**ñ**ón
Espa**ñ**a	se**ñ**or
pi**ñ**a	

vapor	**v**ioleta
vacaciones	**v**itamina
vehículo	**v**otar
mara**v**illa	

5

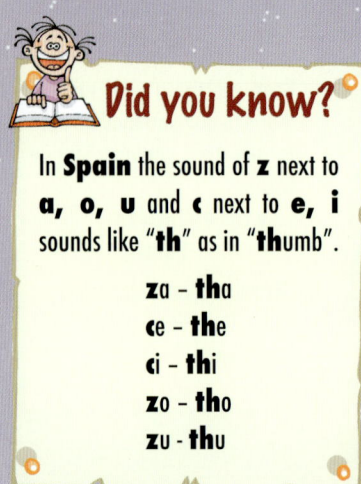

Did you know?

In **Spain** the sound of **z** next to **a, o, u** and **c** next to **e, i** sounds like "**th**" as in "**thumb**".

za - **th**a
ce - **th**e
ci - **th**i
zo - **th**o
zu - **th**u

z to s "sassy"

Z Sounds like the letter "**s**" as in **S**am. We never make the buzzzz sound in Spanish.
za/**s**a, **z**e/**s**e, **z**i/**s**i, **z**o/**s**o, **z**u/**s**u

These consonant sounds you are learning are common pronunciation in Mexico and other Latin American countries. However, you will find that other Spanish-speaking countries pronounce the **ll**, **r**, **v** in a slightly different way and they are also correct. It is similar to the sound variations of English spoken in England, Australia or the United States.

Warning ⊗

The sound of "**j**" as in "**J**oe" does not exist in Spanish; if you're about to make this sound, when reading "**ja**, **je**, **ji**, **jo**, **ju**" change it to the sound of "**h**" as in "**h**orse".

J Is always **laughing**,
ja, **j**e/**ge**, **j**i/**gi**, **j**o, **j**u

always laughing

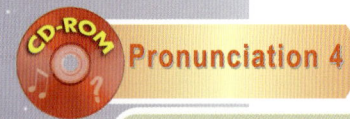

Pronunciation 4

mosta**z**a
Nueva **Z**elandia
zeta
zig **z**ag
zona
zorro

jarra	e**j**emplo	**j**usticia
jamón	ob**j**eto	**j**unio
jazmín	**j**irafa	
lengua**j**e	**j**itomate	
Júpiter	**J**osé	

"horse"

G Sounds like the "h" in horse only when it's next to "e" and "i."

ja, ge/je, gi/ji, jo, ju

G Sounds as a baby's **gogu-gaga** sounds when it's next to **a,o,u**. To have baby sounds with **e** and **i**, we must place a silent **u** between the **g** and the **e, i**.

ga, gue, gui, go, gu

"gogu gaga"

Look!

gue-gui baby sounds in Spanish such as hambur**gue**sa, **gui**tarra sound the same as the **gue- gui** words in English **gue**st, **gui**tar. Don't forget that you read the **ü** in g**ü**e, g**ü**i only if it has two little dots on the top: biling**ü**e, ping**ü**ino

CD-ROM **Pronunciation 5**

inteligente	gigante	galaxia	hamburguesa
álgebra	página	gasolina	Miguel
general	mágico	pentágono	guitarra
geografía	gimnasia	gobierno	distinguir
oxígeno	biología	guardia	guía
vegetal	privilegio	guerra	
zoológico			

Look

The letter **C** follows the same pronunciation rules as in English.

C Sounds like the **c** in **c**at when it's next to **a, o, u.**
ca, que, qui, **c**o, **c**u

"**c**at"

"**s**nake"

C Sounds like the **s** in **s**nake when it's next to **e** and **i**.
za/**s**a, **ce**/**z**e/**s**e, **ci**/**z**i/**s**i, **z**o/**s**o, **z**u/**s**u

Look

The letter **k** sound in Spanish is used only in foreign words. Therefore, words with **que, qui** sounds are very common in Spanish.

Q Is always **next to a silent u** and an **e** or **i** always follows.
ca, **que**, **qui**, **c**o, **c**u

quiet "**u**"

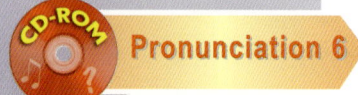

Pronunciation 6

casa	**c**elebrar	que**so**	ata**que**
café	**c**entavo	par**que**	equi**po**
calcular	**c**emento	blo**que**	qui**eto**
cable	o**c**éano	che**que**	con**qui**sta
color	a**cci**ón	ra**que**ta	ar**qui**tecto
co**c**o	**ci**encia	tan**que**	lí**qui**do
coral	so**ci**able	ban**que**ro	má**qui**na
conectar	capa**ci**dad		
cubo	re**ci**claje		
es**c**uela	bi**ci**cleta		
	Pa**c**ífico		

Now that you know the sound of the vowels in Spanish, especially the "**e**," you can say the alphabet almost the same as in English.

CD-ROM

Song 3

EL ALFABETO
The Alphabet

A Be Ce CHe
De E eFe Ge
acHe I
Jota Ka
eLe eLle
eMe eNe
eÑe O Pe Qu
eRe erre
eSe Te U Ve
W(doble U) X(equis) Ye Zeta

Remember

When you say the alphabet in Spanish, instead of saying the "e" as "ee," pronounce it as the "e" in "egg."

The letters **ch**, **ll**, no longer appear in new Spanish dictionaries.

We say these letters in the Alphabet song, including the **rr**, to learn how they are pronounced.

There are other common names for the following letters.

i - i latina (latin i)

y - i griega (greek i)

v – u ve

w - u ve doble

ll - doble l

CD-ROM

Questions 1

2 ¿Cómo se escribe tu nombre? *How do you spell **your name**?*	Se escribe C-e-c-i. *It's spelled C-e-c-i*
3 ¿Cómo se dice paper en español? *How do you say **paper** in **Spanish**?*	Se dice papel. *You say papel.*
4 ¿Qué es esto? *What is **this**?*	Eso es el gato/la rata un gato/una rata. *That is the cat/the rat a cat/a rat.*

Did you know...

Spanish developed mainly from Latin – The Roman Empire ruled for several centuries and imposed their language on the people of their conquered lands, including Spain. Other languages that had great importance in the origin of Spanish were Arab, Greek and the indigenous languages of the territories conquered by Spain.

9

ALFABETO MANUAL AMERICANO

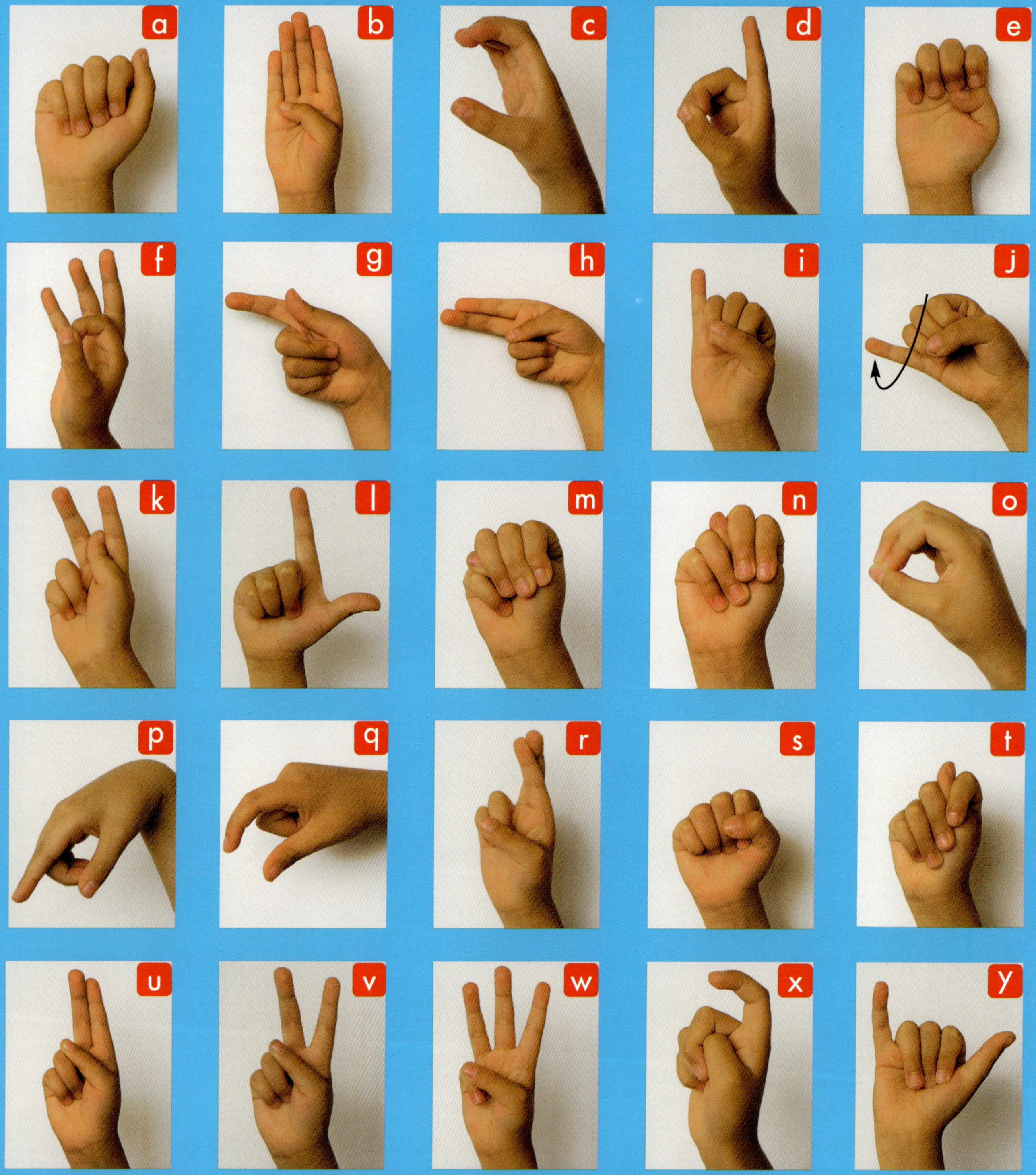

We can learn vocabulary faster if we connect words to hand signs. **A**merican **S**ign **L**anguage offers signs that are easy to relate to words. If we learn these signs, we will be learning two languages: Spanish and **ASL**. The **American Manual Alphabet** is very useful when learning to sign.

ACCENT MARKS AND VOWEL STRESS

Every word with more than one syllable has a vowel stress on one of the syllables.

1. Allways stress the vowel that has an *accent mark - á, é, í, ó, ú*
Examples: e-*xá*-me-nes, chim-pan-*cé*, bu-*dín*, pan-ta-*lón*, *Jú*-pi-ter,

For words without a written accent mark Spanish has consistent rules to follow.

2. Stress the vowel in the **next to last** syllable when words end in "**n, s** or **vowel**" "**nose**" words. The majority of words in Spanish end in "n, s or vowel,"

com-pu-ta-*do*-ra, res-pon-*sa*-ble, *mi*-ni, in-*sec*-to, *Car*- men, e-*xa*-men, pan-ta-*lo*-nes, *no*-tas,

3. Stress on the vowel in the **last** syllable when words end in any other letters **except n, s or vowel**.

re-fri-ge-ra-*dor*, vi-si-*tar*, res-pon-*der*, si-mi-*lar*, pa-*pel*, u-ni-ver-si-*dad*, in-ter-*net*

EASY COGNATES

Cognates are words that are similar between languages. They come from the same language root and are easy to re*cogn*ize because we *know* them. There are many cognate words in English/Spanish. Some of these words you will guess correctly/correcta*mente* *most* of the time by changing the ending from English to Spanish.

Nouns ending in **tion** change to **ción**.
*Ex: nation = na*ción, *organization = organiza*ción, *communication = comunica*ción,

Adjectives ending in **ous** change to **oso**.
*Ex: curious = curi*oso, *delicious = delici*oso, *mysterious = misteri*oso,

Verbs ending in **ate** change to **ar**.
*Ex: eliminate = elimin*ar, *decorate = decor*ar, *communicate = comunic*ar

Adverbs ending in **ly** change to **mente**.
*Ex: really = real*mente, *simply = simple*mente, *probably = probable*mente,

Warning

Some words sound the same as in English, but don't have the same meaning.
These are called **false cognates**:

quieto - is not quiet; it means still or calm.
escusado - is not excused; it means toilet in some Latin countries.
éxito - is not exit; it means success

11

LOS COLORES
Colors

rojo/a(s)

azul(es)

amarillo/a(s)

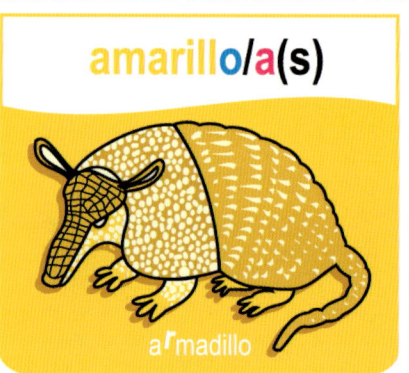

verde(s)

negro/a(s)

blanco/a(s)

morado/a(s)

café(s)

rosa(s)-rosado/a(s)

gris(es)

anaranjado/a(s)

LOS COLORES

 Rojo Santa Clause dresses in red and says **ho, ho, ho...rojo/a(s) - red**.

 Azul **Lazu** the sad, blue dog sneezes **Azuu!** If you repeat his name **Lazu, Lazu...** or his sneeze **Azuu!** you end up saying **azul(es) - blue**.

 Amarillo Take out the **r** from armadillo, say the word **amadillo**, and it will almost sound the same as **amarillo/a(s) - yellow**.

 Verde Green bears have their own calendar day on **Bear Day,** which almost sounds like **verde(s) - green**.

 Negro A plant in a black, dark room will have **no-grow**. Instead of saying nogrow, say **ne-grow** which almost sounds like negro/a(s) - black.

 Blanco What color comes to your mind when you think of a **blank** space? **blanco/a(s) - white**.

 Morado - There is **more shadow** on a purple wall than on a black wall. Take out the **sh** from more **sh**adow. **More-adow** sounds like **morado/a(s) - purple**.

 Café What do some grown-ups like to drink in the morning? Coffee at the **cafe**teria - sounds like **café**. The word café is used for the drink and the color **café(s) - brown**.

 Rosa The pink **rose** sounds like the color **rosa(s)** or **rosado/a(s) - pink**.

 Gris The grease leaking from a car is gray.
The word **grease** sounds like **gris(es) - gray**.

 Anaranjado Separate the word into four parts... **Ana-ran-hard-oh!** Take the **r** in hard out and it sounds like **anaranjado/a(s) - orange**. The fruit "orange" is called naranja.

13

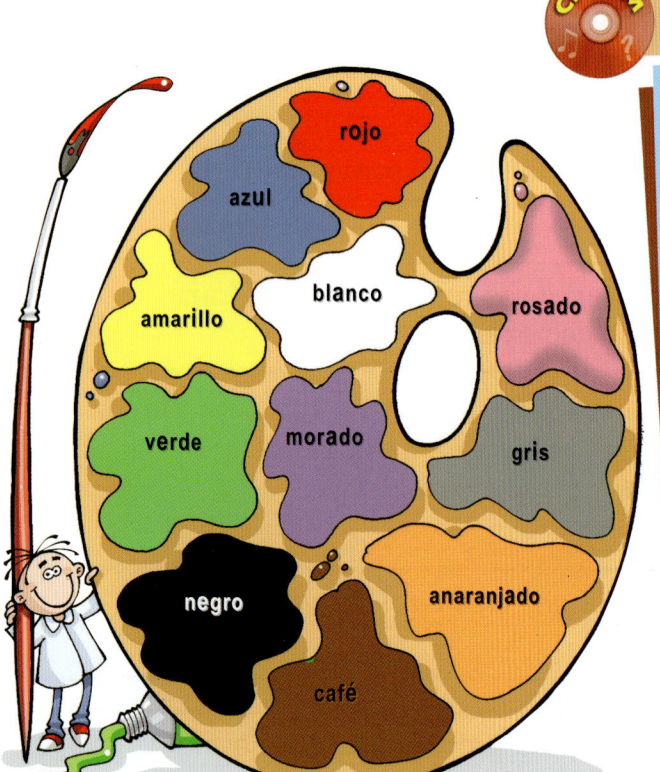

LOS COLORES
The Colors

red es **ROJO**, red es **ROJO**

blue es **AZUL**, blue es **AZUL**

yellow es **AMARILLO**, yellow es **AMARILLO**

VERDE - green, **VERDE** - green

black es **NEGRO**, black es **NEGRO**

BLANCO es white, **BLANCO** es white

purple es **MORADO**, purple es **MORADO**

brown - **CAFÉ**, brown - **CAFÉ**

pink es **ROSA**, pink es **ROSA**

GRIS es gray, **GRIS** es gray

ANARANJADO es orange

ANARANJADO es orange

Shout Hooray! Hooray!

Questions 2

5 ¿Cuál es tu color favorito? *What is your **favorite color**?*	**Mi color favorito es (el) verde.** My **favorite color** is (the) green.
6 ¿Te gusta el color rojo? *Do you like **the color red**?*	**Sí/No, no me gusta el color rojo.** Yes/No, I don't like **the color red**.
7 ¿Qué color es? *What **color** is it?*	**Es azul.** It is blue.

10 more Color Words...

turquesa	turquoise	oro - dorado/a	golden
azul marino	navy blue	plata - plateado/a	silver
azul claro	light blue	bronce - bronceado/a	bronze (tan)
verde oscuro	dark green	cobre - cobrizo	copper
violeta	light purple	fosforecente	fluorescent

14

LAS FORMAS
Shapes

rombo	corazón	estrella
cuadrado	triángulo	rectángulo
óvalo	media luna	círculo
cono	esfera	cubo

Song 5

SALUDOS
Greetings

¡Hola! ¿Cómo estás?
Hello! How are you?

Muy bien, gracias.
Very well, thank you.

Mucho gusto, bienvenido.
Nice to meet you, welcome.

Hasta mañana
See you tomorrow

¡Adiós! ¡Adiós!
Goodbye!

Song 6

NOMBRE Y DIRECCIÓN
Name and Address

¿Cómo te llamas?
What is your name?

Yo me llamo Carlos (María).
Charlie (Mary) is my name.

¿Dónde vives?
Where do you live?

Vivo en los Estados Unidos.
I live in the U.S.A.

Song 7

BUEN DÍA
Good Day

**Buenos días, Buenos días,
Buenos días** *Good morning*

¡Aquí estoy! *Here I am!*

**Buenas tardes, Buenas tardes,
Buenas tardes** *Good afternoon*

¡Terminé! *I am finished!*

**Buenas noches, Buenas noches,
Buenas noches** *Good night*

¡Ya me voy! *I am leaving now!*

¡Adiós! *Goodbye!*

8	**¡Hola! ¿Cómo estás** (tú)**?** *Hello! How are you?*		**Muy bien, gracias, ¿y tú?** *Very well, thank you, and you?*
9	**¡Buenos días!** *Good morning!*	**¡Buenas tardes!** *Good afternoon!.*	**¡Buenas noches!** *Good night!*
10	**¡Aquí estoy!** *Here I am!*	**¡Terminé!** *I'm finished!*	**Ya me voy, ¡adiós!** *I'm leaving now, goodbye!*
11	**¿Cómo te llamas** (tú)**?** *What is your name? (How are you called)?*		(Yo) **Me llamo** <u>*Ceci*</u>. *My name is* <u>*Ceci*</u>. *(I call myself* <u>*Ceci*</u>.)
12	**¿Cuál es tu nombre, dirección y número de teléfono?** *What is your **name, adress and telephone number**?*		**Mi nombre es** <u>**Ceci**</u>. **Mi dirección es** <u>**Maple #4**</u> **y mi número de teléfono es** <u>**654**</u> *My **name** is* <u>*Ceci*</u>. *My **address** is* <u>*Maple #4*</u> *and my **telephone number** is* <u>*654*</u>...
13	**¡Mucho gusto!** *Nice to meet you! (Much pleasure!)*		**¡Igualmente!** *Same here! (Equally!)*
14	**¿Dónde vives** (tú)**?** *Where do you live?*		(Yo) **Vivo en** <u>**los Estados Unidos**</u>. *I live in* <u>*the United States*</u>.
15	**¡Adiós! ¡Hasta mañana!** *Goodbye! See you tomorrow! (Until tomorrow!)*		**¡Nos vemos! ¡Hasta luego!** *We'll see you! See you later! (Until later!)*

17

Conversation

 Skit 1

La Entrevista
The Interview

¡Hola! ¿Cómo estás?

Bien, ¿y tú?

Muy bien, gracias. Bienvenido/a a "Maxi."

Y...¿cuál es tu nombre?

Mi nombre es Cecilio/a.

Y...¿cuál es tu apellido?

Mi apellido es Portilla.

Hello! How are you?

Fine, and you?

Very well, thank you. Welcome to "Maxi."

And...what is your name?

My name is Cecil/ia.

And...what is your last name?

My last name is Portilla

¡Hola! ¿Cómo estás?

¿Te gusta hablar?

¡Sí, mucho....!

¿Cuál es tu nacionalidad?

Mi nacionalidad es mexicana.

¿Cuál es tu color favorito?

Mi color favorito es el morado.

¿Cuál es tu número de teléfono?

Mi número de teléfono es:

9 nueve, 8 ocho, 7 siete –

6 seis, 5 cinco, 4 cuatro –

3 tres, 2 dos, 1 uno, 0 cero

Y...¿te gusta hablar por teléfono?

Sí, mucho.

¿Qué es esto – una entrevista?

¡Sí, y ya terminé!

Ya me voy. ¡Adiós!

What is your nationality?

My nationality is Mexican.

What is your favorite color?

My favorite color is purple.

What is your phone number?

My phone number is

nine, eight, seven –

six, five, four –

three, two, one, zero

And...do you like to speak on the phone?

Yes, very much.

What is this – an interview?

Yes, and I am done now!

I am leaving now. Goodbye!

Did you know...

In Hispanic countries, people don't use middle initials for identity. Common practice is to combine the first and middle names to form a compound name such as Juan Carlos or Maria Elena.

Last names are a combination of the last name of the father and the last name of the mother. It is easier to identify people when they have two different last names. When a woman marries, she keeps her father's last name and adds her husband's last name placing "de" (of) between both names. You may have noticed many Spanish last names have and "ez" ending. That is because "ez" means "descendant of" as in Fernandez - son of Fernand, Martinez - son of Martin, Rodriguez - son of Rodrigo, etc.

Photo Courtesy of The Portilla Family

19

Vocabulario Capítulo  1

Números — Numbers

cero	zero
uno	one
dos	two
tres	three
cuatro	four
cinco	five
seis	six
siete	seven
ocho	eight
nueve	nine
diez	ten

Colores — Colors

amarillo/a(s)	yellow
anaranjado/a(s)	orange
azul(es)	blue
blanco/a(s)	white
café(s)	brown
gris(es)	gray
morado/a(s)	purple
negro/a(s)	black
rojo/a(s)	red
rosado/a(s)	pink
verde(s)	green

Formas — Shapes

círculo	circle
cono	cone
corazón	heart
cuadrado	square
cubo	cube
esfera	sphere
estrella	star
media luna	half-moon
óvalo	oval
rectángulo	rectangle
rombo	rhombus
triángulo	triangle

Chapter 2

Olimpo y Ana

the

el

gat**o**

los

gat**o**s

la

cas**a**

las

cas**a**s

---

1. Words that represent things (nouns) with "**the**" before the word can be masculine (boy) words or feminine (girl) words in Spanish. To recognize the masculine and the feminine words, a boy whose name is **O**limp**o** and a girl whose name is **A**n**a** will help you remember.
Most of **O**limp**o**'s words end in "**o**" and most of **A**n**a**'s words end in "**a**."

2. The English language doesn't have masculine and feminine words, so the word "**the**" can mean either "**el**, **la**, **los**, **las**" in Spanish.

3. For **O**limp**o**'s words use **el** if the word represents one thing (singular) and **los** if the word represents more than one thing (plural). For **A**n**a**'s words use **la** if the word represents one thing (singular) and **las** if the word represents more than one thing (plural).

Warning!

Not all words that seem girlish are feminine, nor are all words that seem boyish masculine. Look at these examples:

the dress (el vestid**o**)

the tie (l**a** corbat**a**).

All the pictures in the program that have words in pink and blue are nouns. After learning about **O**limp**o** y **A**n**a**, you will need to place the corresponding article (el, la, los, las) before these words according to their gender (color) and number (if they are singular or plural).

You will need to learn where to place the articles (**el**, **la**, **los**, **las**) that go with other words that don't end in **o** or **a**.

Masculine:

el color, **el** cheque,

el papel, **el** detergente,

el perfume, **el** autobús,

el tren, **el** taxi, **el** lápiz.

Feminine:

la nación, **la** organización, **la** división,

la región, **la** ciudad, **la** universidad,

la realidad, **la** flor.

Warning!

Occasionally you will find words that end with **o** but have the article **la**, or words that end with **a** and have the article **el**. There are really very few words like this. It's a good idea to learn some of them:

el program**a** (the program)

el tem**a** (the theme)

el problem**a** (the problem)

el agu**a** (the water)

el dí**a** (the day)

el map**a** (the map)

la man**o** (the hand).

There is another kind of word used before nouns that means "a/some" and the same above rules apply to "un, una, unos, unas."

a/some

un  libr**o**

una  plant**a**

unos  libr**o**s

unas  plant**a**s

23

EL CUERPO
Body

la cabeza
the head

los hombros
the shoulders

las rodillas
the knees

los pies
the feet

los ojos
the eyes

las orejas
the ears

la boca
the mouth

la nariz
the nose

la espalda
the back

el pecho
the chest

el estómago
the stomach

las piernas
the legs

 **el cuello** *the neck*	**el pelo** *the hair*	**la barba** *the chin*
la frente *the forehead*	 **los brazos** *the arms*	**las manos** *the hands*
los dedos *the fingers/toes*	**las uñas** *the nails*	**la lengua** *the tongue*
los dientes *the teeth*	  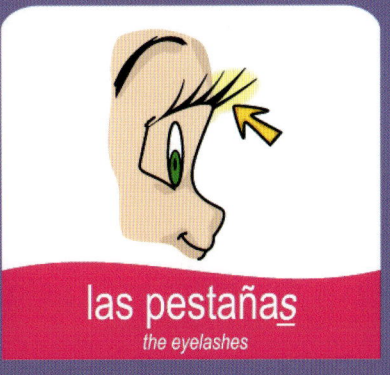 **las cejas** *the eyebrows*	**las pestañas** *the eyelashes*

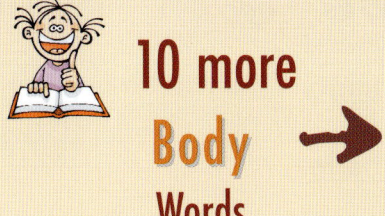

10 more Body Words... →

ombligo	*belly button*	sangre	*blood*
mejillas	*cheeks*	esqueleto	*skeleton*
cara	*face*	pulmones	*lungs*
codos	*elbows*	corazón	*heart*
huesos	*bones*	músculos	*muscles*

The Body pictures in the previous pages are in the same order as they are in the song. As you sing, touch the parts of the body that are in the song or use sign language while you sing. Most of the songs in this book can be followed by looking at your vocabulary pictures.

Song 8

EL CUERPO I
Body I

Cabeza, Hombros, Rodillas, Pies
Head, Shoulders, Knees, Feet

Rodillas, Pies...
Knees, Feet...

Ojos, Orejas, Boca y Nariz
Eyes, Ears, Mouth and Nose

Cabeza, Hombros, Rodillas, Pies
Head, Shoulders, Knees, Feet

Rodillas, Pies. *Knees, Feet.*

Song 9

EL CUERPO II
Body II

Espalda, Pecho *Back, Chest*
Estómago y Piernas *Stomach and Legs*
Estómago y Piernas... *Stomach and Legs...*
Cuello, Pelo *Neck, Hair*
Barba y Frente *Chin and Forehead*
Barba y Frente... *Chin and Forehead...*
Brazos, Manos *Arms, Hands*
Dedos y Uñas *Fingers and Nails*
Dedos y Uñas... *Fingers and Nails...*
Lengua, Dientes *Tongue, Teeth*
Cejas y Pestañas *Eyebrows and Eyelashes*
Cejas y Pestañas... *Eyebrows and Eyelashes...*

Questions 5

16 ¿De qué color es tu pelo? *(of) What color is your hair?*	**Mi pelo es negro/café/rubio/pelirrojo.** *My hair is black/brown/blonde/red.*
17 ¿De qué color son tus ojos? *(of) What color are your eyes?*	**Mis ojos son negros/cafés/verdes/azules.** *My eyes are black/brown/green/blue.*
18 ¿Es la nariz? *Is it the nose?*	**No, no es la nariz, es la boca.** *No, it is not the nose, it is the mouth.*
19 ¿Qué te duele? *What hurts you?*	**Me duele el estómago.** *My stomach hurts.*
20 ¿Qué necesitas (tú)? *What do you need?*	**(Yo) Necesito ir al baño.** *I need to go to the restroom.*

LAS DIRECCIONES
Directions

arriba
up

abajo
down

adentro
inside

afuera
outside

a la derecha
to the right

a la izquierda
to the left

adelante/delante de
forward/in front of

atrás/detrás de
back/behind

encima de
on top of

debajo de
under

junto a
next to

entre
between

CD-ROM Song 10

Questions 6

DIRECCIONES
Directions

Arriba, Abajo *Up, Down*
al Centro *to the Center*
Adentro, Afuera *Inside, Outside*

Derecha, Derecha *Right, Right*
Izquierda. Izquierda *Left, Left*
Adelante, Atrás *Foreward, Back*
1 uno, 2 dos, 3 tres

21 ¿**Dónde está** la cabeza? *Where is the head?*	La cabeza **está** arriba. *The head is up.*
¿**Dónde están** los pies? *Where are the feet?*	Los pies **están** abajo. *The feet are down.*
22 ¡**Por favor pon** la mano en la oreja! *Please put your hand on your ear!*	¡**Por favor quita** la mano de la oreja! *Please remove your hand from your ear!*

27

¡brazos arriba!

¡cabeza abajo!

CHIQUI-GUA
Chiqui-Gua

Vamos a bailar *Let's dance*

con el Chiqui, chiqui-gua *with the Chiqui...*

Chiqui-gua, chiqui-gua *chiqui-gua...*

con el Chiqui, chiqui-gua *with the Chiqui...*

1 ¡brazos arriba!... *arms up!*

2 ¡cabeza abajo!... *head down!*

3 ¡estómago adentro!... *stomach inside!*

4 ¡piernas abiertas!... *legs open!*

5 ¡cuerpo adelante!... *body forward!*

6 ¡cuerpo atrás!... *body back!*

7 ¡rodillas dobladas!... *Knees bent!*

8 ¡dedos doblados!... *Fingers bent!*

9 ¡ojos cerrados!... *Eyes closed!*

10 ¡lengua afuera!... *Tongue out!*

¡estómago adentro!

¡piernas abiertas!

¡cuerpo adelante!

¡cuerpo atrás!

¡rodillas dobladas!

¡dedos doblados!

¡ojos cerrados!

¡lengua afuera!

28

LOS NÚMEROS DEL 11 AL 100

11	16
Once	Dieciséis
12	17
Doce	Diecisiete
13	18
Trece	Dieciocho
14	19
Catorce	Diecinueve
15	20
Quince	Veinte

Notice that when counting, patterns that repeat are marked with different colors. This will help you learn your numbers faster.

Look!

"y" means "and" in English and goes before one units (1-9) in double digit numbers, except in numbers 11 through 15.
From 16 to 19, in Spanish we say:

ten and six
ten and seven
ten and eight
ten and nine.

We spell 16-19 as one word exchanging the "y" for "i".

Dieciséis
(Diez y seis)
Diecisiete
(Diez y siete)
Dieciocho
(Diez y ocho)
Diecinueve
(Diez y nueve)

29

30	40	50	60
Trein*ta*	Cuaren*ta*	Cincuen*ta*	Sesen*ta*

70	80	90	100
Seten*ta*	Ochen*ta*	Noven*ta*	*Cien*

Song 12

LOS NÚMEROS DEL 11-100
Numbers from 11-100

11 Once 12 Doce 13 Trece
14 Catorce 15 Quince
16 Diecíséis 17 Diecisiete
18 Dieciocho 19 Diecinueve
20 Veinte
10 Diez 20 Veinte 30 Treinta
40 Cuarenta 50 Cincuenta
60 Sesenta 70 Setenta
80 Ochenta 90 Noventa
100 Cien

When counting from 21 to 29, in Spanish we say twenty and one, twenty and two, twenty and ....nine. We spell it as one word, exchanging the y for i. Also, notice the accent mark in 22, 23 and 26.

21	veintiuno
22	veintidós
23	veintitrés
24	veinticuatro
25	veinticinco
26	veintiséis
27	veintisiete
28	veintiocho
29	veintinueve

When counting from 31-39, 41-49, 51-59, 61-69, 71-79, 81-89, 91-99, the same rule as above applies, except these numbers are never spelled as one word but as three words. Separate the two-digit numbers with y, which means and:
37 treinta y siete, 53 cincuenta y tres, 71 setenta y uno, 99 noventa y nueve

30

MATEMÁTICAS

MAS MENOS POR ENTRE IGUAL

Seis más dos es igual a ocho   (6 + 2 = 8). *Six plus two equals eight.*

Seis menos dos es igual a cuatro (6 - 2 = 4). *Six minus two equals four.*

Seis por dos es igual a doce (6 x 2 = 12). *Six times two equals twelve.*

Seis entre dos es igual a tres (6 ÷ 2 = 3). *Six divided by two equals three.*

Questions 7

23 ¡Vamos a hacer Matemáticas!	¿Están listos? ¡Listos!
Let's do Math!	*Are you ready? Ready!*
24 Cuánto es 9 (-menos +mas xpor ÷entre) 3?	9 (-menos +mas xpor ÷entre) 3 (= es igual a) 6,12,27,3
How much is 9 (-minus +plus xtimes ÷divided by) 3?	9 (-minus) (+plus) (xtimes) (÷divided by) 3 (=equals) 6,12,27,3

Did you know...

Ancient Maya discovered two fundamental ideas in Mathematics: positional value and the concept of zero. The Maya system was based on the number 20, not the number 10 as our own.

Our numeric system employs ten symbols to represent each digit. Maya numerals were written with only three symbols: a dot for one, a line for five, and the glyph of a sea shell to represent zero.

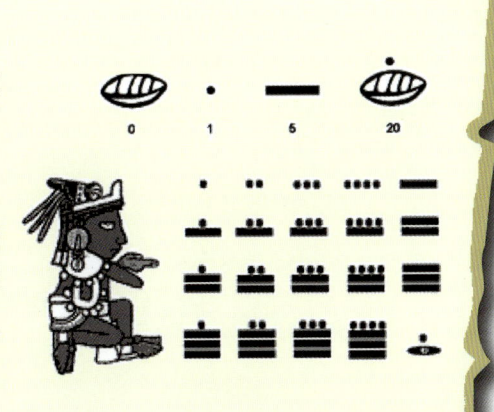

31

¿Preguntas?
Always begin with an upside down question mark

Song 13

¿PREGUNTAS?
Questions?

These are the questions
that will help you
when you want to find out
*which, what, where, when,
why, how, who?*

Who? is **¿Quién?**
What? is **¿Qué?**
How? is **¿Cómo?**
and **Why?** is **¿Por qué?**
¿Cuántos? is **How many?**
¿Cuánto? is **How much?**
¿Cuándo? is **When?**
and **¿Dónde?** is **Where?**
¿Cuál? and **¿Cuáles?**
has two meanings
it depends
sometimes **What?**
but most times **Which?**
If you know all the questions
and you learn to give the answers,
you will soon speak Spanish
like the Spanish-speaking masters!

Look

Some words in Spanish have a different meaning, depending on whether or not they have an accent mark.
Notice that question words always have an accent mark:

¿cómo? – *how?*
como – *like*

¿qué? – *what?*
que – *that*

¿por qué? – *why?*
porque - *because*

Song 14

PORRA MEXICANA
Popular Mexican Cheer

Chi-qui-ti bun, a la bim, bom, ba
Chi-qui-ti bun, a la bim, bom, ba
A la bío, a la bao, a la bim, bom, ba
Español, Español ¡ra, ra, ra!

Use these words often, they are like magic...

Song 15

LAS PALABRAS MÁGICAS
The Magic Words

Las palabras mágicas
las palabras mágicas
las palabras mágicas son:
The magic words are:

Gracias - *thank you*

please - **Por favor**

De nada - *you're welcome*

Perdón - *I'm sorry*

Muy amable - *very kind*

...gracias ...de nada ...por favor ...perdón

Questions 8

25 ¡Muchas Gracias! *Thank you very much!*	**¡De nada!** *You're welcome! (Of nothing!)*
26 ¡Perdón, lo siento! *Pardon me! I am sorry! (I feel it!)*	**¡No hay problema!** *(There is) No problem!*
27 ¡Por favor dame el mapa! *Please give me **the map!***	**¡Toma, aquí tienes el mapa!** *Here is **the map!** (Take it, here you have the map!)*

33

La Visita al Doctor
The Visit to the Doctor

Buenas tardes, Doctor.

Buenas tardes. Por favor, pasa.

¿Cómo te llamas?

Me llamo Emilio/a.

Hola Emilio/a. ¿Cómo estás?

Estoy muy mal. Estoy enfermo/a.

¿Qué te duele?

Me duele el estómago.

Vamos a ver...

Por favor, pon los brazos detrás de la espalda,

y saca la lengua...¡más afuera!...

¡Qué horror!

¿Por qué Doctor? ¿De qué color es mi lengua?

¡Es verde!

¿Pero, por qué?

No sé. ¡Necesitas una medicina urgentemente!

¡No, doctor! Lo que necesito son más

caramelos rojos para cambiar el color

de mi lengua.

Good afternoon, Doctor.

Good afternoon. Please, come in.

What is your name?

My name is Emile/Emily.

Hi Emile/Emily. How are you?

I'm feeling bad. I am sick.

What hurts?

My stomach hurts.

Let's see...

Please, put your arms behind your back.

and stick your tongue out…further out!...

How horrible!

Why Doctor? What color is my tongue?

It is green!

But, why?

I don't know. You need a medicine urgently!

No, doctor! What I need are more

red candies to change the color

of my tongue.

Did you know...

Good manners, such as saying "thank you" and "I'm sorry" are acceptable anywhere. But sometimes what is considered polite in one country may be considered rude or strange in another. One example is greeting people with hugs and kisses. In Spanish-speaking countries women greet friends and family with a cheek-to-cheek kiss. Men hug and pat each other's back. Children are also expected to greet family friends and relatives with hugs and cheek-to-cheek kisses. In most Latin American countries one cheek kiss is the custom, but in Spain it's a kiss on both cheeks. So, don't be surprised if someone kisses your cheek when you visit a Spanish-speaking country. They are just greeting you in a warm, friendly way.

"Besitos"   Photo Courtesy of Gaby Ruiloba

Remember

Vocabulario Capítulo 2

Cuerpo	Body
barba	chin/beard
boca	mouth
brazos	arms
cabeza	head
cejas	eyebrows
cuello	neck
dedos	fingers/toes
dientes	teeth
espalda	back
estómago	stomach
frente	forehead
hombros	shoulders
lengua	tongue
manos	hands
nariz	nose
ojos	eyes
orejas	ears
pecho	chest
pelo	hair
pestañas	eyelashes
piernas	legs
pies	feet
rodillas	knees
uñas	nails

Direcciones	Directions
a la derecha	to the right
a la izquierda	to the left
abajo	down
adelante/delante de	forward/in front of
adentro	inside
afuera	outside
al centro	to the center
arriba	up
atrás/detrás de	back/behind
debajo de	under
encima de	on top of
entre	between
junto a	next to

Números del 11 al 100	Numbers from 11 to 100
once	eleven
doce	twelve
trece	thirteen
catorce	fourteen
quince	fifteen
dieciséis	sixteen
diecisiete	seventeen
dieciocho	eighteen
diecinueve	nineteen
veinte	twenty
treinta	thirty
cuarenta	forty
cincuenta	fifty
sesenta	sixty
setenta	seventy
ochenta	eighty
noventa	ninety
cien	one hundred
más	plus
menos	minus
por	times
entre	divided by

Preguntas	Questions
¿cómo?	how?
¿cuál(es)?	what which?
¿cuándo?	when?
¿cuánto?	how much?
¿cuántos?	how many?
¿dónde?	where?
¿por qué?	why?
¿qué/quién?	what/who?

Palabras Mágicas	Magic Words
de nada	you're welcome
gracias	thank you
muy amable	very kind
perdón	I'm sorry
por favor	please

Chapter 3

Family
Reinforce Vowels
Opposites
Adjectives
Ser - Descriptions
Numbers 100 & Up
Wild Animals
Questions and Answers 28-39
Skit 3 - My Family
Cultural Point - Chichen-Itza
Vocabulary Summary

LA FAMILIA
Family

tío

padre

tía

madre

hermana/o

abuelo

primo/a

gato/a

hijo/a

abuela

padre	*father*
madre	*mother*
hijo/a	*son/daughter*
hermano/a	*brother/sister*
abuelo/a	*grandfather/grandmother*
tío/a	*uncle/aunt*
primo/a	*cousin*
sobrino/a	*nephew/niece*
nieto/a	*grandson/grandaughter*

 **Look!**

When we talk about a group of family members where there are males and females (Ex: my parents), we always use the masculine plural to refer to them:

padre y madre – mis padres
hermano y hermana – mis hermanos
hijo e hija – mis hijos
primos y primas – mis primos
tíos y tías – mis tíos
sobrinos y sobrinas – mis sobrinos
abuelo y abuela – mis abuelos

e is used instead of **y** when the word next to it begins with the sound **i**.

CD-ROM

Song 16

LA FAMILIA
The Family

**El padre, la madre,
el hijo y la hermana,
la abuela, el tío
y el primo están aquí.**

*The father, the mother
the son and the sister
the grandma, the uncle
and the cousin are here.*

**Falta una sobrina
y un nieto también.**

*A niece is missing
and a grandson too.*

38

Questions 9

28 ¿Quién es él/ella? *Who is **he/she**?*	**Él** es <u>Juan</u>./**Ella** es <u>María</u>. *He is <u>John</u>./**She** is <u>Mary</u>.*
29 ¿Cómo se llama él/ella? *What is **his/her** name? (How is he/she called?)*	**Él/Ella** se llama <u>Danny</u>. *His/Her name is <u>Danny</u>. (He/She is called Danny).*
30 ¿Qué edad tiene tu hermano? *How old is your **brother**? (What age is your brother?)*	Mi **hermano** tiene <u>6</u> años. *My **brother** is <u>6</u> years old. (My brother has 6 years).*
31 ¿Quién falta? *Who is missing?*	Falta <u>el abuelo</u>. *(The) <u>Grandfather</u> is missing.*

This song will help you to never forget the sound of the vowels in Spanish
Remember, they always sound the same...

Song 17

YO TE DARÉ
I will give you

Yo te daré, te daré niña hermosa,
I will give you, I will give you beautiful girl,
te daré una cosa, una cosa que yo solo sé...café.
I will give you one thing, one thing that I only know...coffee.

A Ya ta dará, ta dará naña harmasa,
ta dará ana casa, ana casa ca ya sala sá...cafá.

E Ye te deré, te deré neñe hermese,
te deré ene quese, ene quese que ye sele sé...quefé.

I Yi ti dirí, ti dirí niñi hirmisi,
ti dirí ini quisi, ini quisi qui yi sili sí...quifí

O Yo to doró, to doró noño hormoso,
to doró ono coso, ono coso co yo solo só...cofó.

U Yu tu durú, tu durú nuñu hurmusu,
tu durú unu cusu, unu cusu cu yu sulu sú...cufú.

39

LOS OPUESTOS
Opposites

baj**o**/**a**(**s**)
short, low

grande(**s**)
big

much**o**/**a**(**s**)
many, much

alt**o**/**a**(**s**)
tall, high

pequeñ**o**/**a**(**s**)
small, little

poc**o**/**a**(**s**)
few, a little bit

viej**o**/**a**(**s**)
old

lent**o**/**a**(**s**)
slow

delgad**o**/**a**(**s**)
thin

nuev**o**/**a**(**s**)
new

rápid**o**/**a**(**s**)
fast

gord**o**/**a**(**s**)
fat

suave(_s_)
soft

clar o/a(_s_)
light, clear

joven(_es_)
young

dur o/a(_s_)
hard

oscur o/a(_s_)
dark

viej o/a(_s_)
old

caliente(_s_)
hot

content o/a(_s_)
happy

buen o/a(_s_)
good

frí o/a(_s_)
cold

triste(_s_)
sad

mal o/a(_s_)
bad

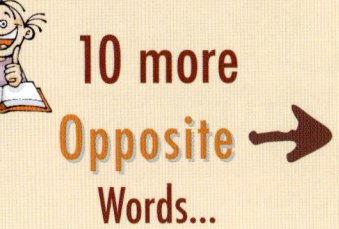

**10 more
Opposite ➡
Words...**

largo/a	long	corto/a	short
ligero/a	light	pesado/a	heavy
bonito/a	pretty	feo/a	ugly
barato/a	cheap	caro/a	expensive
limpio/a	clean	sucio/a	dirty

41

bajo - **alto**

grande - **pequeño**

OPUESTOS
Opposites

Bajo - **Alto**......*short* and *tall*
Grande - **Pequeño**......*big* and *small*
Muchos - **Pocos**......*many* and *few*
Viejo - **Nuevo**......*old* and *new*
Lento - **Rápido**......*slow* and *fast*
Delgado - **Gordo**......*thin* and *fat*
Suave - **Duro**......*soft* and *hard*
Claro - **Oscuro**......*light* and *dark*
Joven - **Viejo**......*young* and *old*
Caliente - **Frío**......*hot* and *cold*
Contento - **Triste**......*happy* and *sad*
Bueno - **Malo**......*good* and *bad*

muchos - **pocos**

viejo - **nuevo**

lento - **rápido**

delgado - **gordo**

suave - **duro**

claro - **oscuro**

joven - **viejo**

caliente - **frío**

contento - **triste**

bueno - **malo**

ADJECTIVES

Colors and most of the Opposites are words that describe things. Words that **describe** things are called **adjectives**.

1. Adjectives in Spanish come after the word they are describing, not before the word as in English.
Examples:

La casa pequeña y roja.	*The small and red house.*
	(The house small and red).
El libro viejo y amarillo.	*The old and yellow book.*
	(The book old and yellow).

2. Adjectives in Spanish have to match the ending of the word they describe.
La casa pequeña y roja.   El libro viejo y amarillo.
To make adjectives ending in a vowel plural, just add an _s_:
La_s_ cas**a**_s_ pequeña_s_ y roja_s_.   Lo_s_ libro_s_ viejo_s_ y amarillo_s_.

3. Adjectives ending in letters other than **o** or **a** (azu**l**, verd**e**, grand**e**, jov**en**), stay the same regarding the word being described.
To make adjectives ending in a consonant letter plural, add an _es_: (azul_es_)

La casa grand**e** y verd**e** La_s_ cas**a**_s_ grand**e**_s_ y verd**e**_s_.

El libro suav**e** y azul Lo_s_ libro_s_ suav**e**_s_ y azul_es_.

Questions 10

32 ¿Cómo es el abuelo?	**El abuelo es bajo, gordo y muy viejo.**
*What is **grandfather** like? (Describe-how is the grandfather?)*	*(The) **Grandfather** is short, fat and very old.*
33 ¿Cómo eres tú?	**Yo soy alto/a, delgado/a y rápido/a.**
What are you like? (Describe - how you are?)	*I am tall, thin and fast.*
34 ¿Tú eres curioso/a?	**Sí/No, yo no soy curioso/a.**
*Are you **curious**?*	*Yes/No, I am not **curious**.*
35 ¿Por qué?	**Porque no me gusta investigar.**
Why?	*Because I don't like to investigate.*

43

¿Cómo eres?

Soy...

How are you (like)?
I am...

inteligente
intelligent

atractiva/o
attractive

rápido/a
fast

bueno/a
good

delgado/a
thin

viejo/a
old

alto/a
tall

LOS NÚMEROS DEL 100 EN ADELANTE

100	*Cien*	1,000	Mil
101	*Ciento* uno...	1001	Mil uno...
199	*Ciento* noven*ta* y nueve	2,000	Dos mil...
200	Dos*cien*to<u>s</u> ...	3,000	Tres mil...
300	Tres*cien*to<u>s</u>...		

999,999
Nove*cien*to<u>s</u> noven*ta* y nueve mil nove*cien*to<u>s</u> noven*ta* y nueve

400 Cuatro*cien*to<u>s</u>...

500 Quin*ien*to<u>s</u>...

1,000,000
Un Millón

600 Seis*cien*to<u>s</u>...

700 Sete*cien*to<u>s</u>...

1,000,000,000
Un Billón

800 Ocho*cien*to<u>s</u>...

900 Nove*cien*to<u>s</u>...

Warning!

Never say "one' before you say hundred or thousand in Spanish. Just say "cien" and "mil."

Never divide a year into two numbers like you do in English 19-86 (nineteen-eighty six).

In Spanish you have to read each set of digits in the thousands, hundreds, tens, and ones.

For example: 1,986 (one thousand, nine hundred and eighty six) – 1,986 (mil, novecientos ochenta y seis)

2,004 (dos mil, cuatro), 1,521 (mil, quinientos veintiuno), 1,776 (mil, setecientos setenta y seis).

LOS ANIMALES SALVAJES

Wild Animals

el pulpo
the octopus

la ballena
the whale

el tiburón/camarón
the shark/shrimp

el murciélago
the bat

el avestruz
the ostrich

el mapache
the raccoon

la serpiente
the snake/serpent

el venado
the deer

el lobo
the wolf

el hipopótamo
the hippo

el águila
the eagle

la foca
the seal

el oso
the bear

el cocodrilo
the crocodile

el rinoceronte
the rhinoceros

el elefante
the elephant

el león
the lion

el tigre
the tiger

la cebra
the zebra

la jirafa
the giraffe

el gorila
the gorilla

el mono
the monkey

el delfín
the dolphin

el canguro
the kangaroo

10 more Wild Animal Words... →

oso hormiguero	*anteater*	castor	*beaver*
zorro	*fox*	león marino	*sea lion*
zorrillo	*skunk*	gaviota	*seagull*
ardilla	*squirrel*	langosta	*lobster*
buitre	*vulture*	cangrejo	*crab*

47

LOS ANIMALES SALVAJES
The Wild Animals

El pulpo, pulpo, pulpo
EL PULPO - *The Octopus*

La ballena, ballena, ballena
LA BALLENA - *The Whale*

El tiburón, tiburón, tiburón,
EL TIBURÓN - *The Shark*

El camarón, camarón, camarón,
EL CAMARÓN - *The Shrimp*

El murciélago, el murciélago,
EL MURCIÉLAGO - *The Bat*

El avestruz, el avestruz,
EL AVESTRUZ - *The Ostrich*

El mapache, mapache, mapache
EL MAPACHE - *The Racoon*

La serpiente, serpiente, serpiente
LA SERPIENTE - *The Snake*

El venado, venado, venado
EL VENADO - *The Deer*

El lobo, lobo, lobo
EL LOBO - *The Wolf*

El hipopótamo, el hipopótamo
EL HIPOPÓTAMO - *The Hippo*

El águila, el águila
EL ÁGUILA - *The Eagle*

36 ¿Qué hay en el zoológico? *What is (there) in the zoo?*	**En el zoológico hay elefantes, tigres y osos.** *In the zoo there are elephants, tigers and bears.*
37 ¿Cuál te gusta más la jirafa o el mono? *Which do you like better (more) the giraffe or the monkey?*	**Me gusta más el mono.** *I like the monkey better. (more)*
38 ¿Dónde vive la ballena? *Where does the whale live?*	**La ballena vive en el océano.** *The whale lives in the ocean.*
39 ¿Cuánto cuesta la dona de vainilla? *How much does the vanilla donut cost?*	**La dona de vainilla cuesta $3 dólares.** *The vanilla donut costs $3 dollars.*
¿Cuánto cuestan los caramelos rojos? *How much do the red candies cost?*	**Los caramelos rojos cuestan $1 dólar.** *The red candies cost $1 dollar.*

¿Dónde vive?

¿Qué come?

¿Dónde vive el murciélago? *Where does the bat live?*
El murciélago vive en la cueva. *The bat lives in the cave.*
¿Qué come el murciélago? *What does the bat eat?*
El murciélago come mosquitos. *The bat eats mosquitos.*

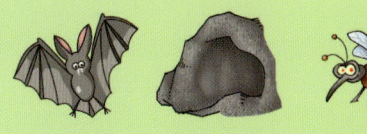

¿Dónde vive la serpiente? *Where does the snake live?*
La serpiente vive en el desierto. *The snake lives in the desert.*
¿Qué come la serpiente? *What does the snake eat?*
La serpiente come ratas y huevos. *The snake eats rats and eggs.*

¿Dónde vive la ballena? *Where does the whale live?*
La ballena vive en el océano. *The whale lives in the ocean.*
¿Qué come la ballena? *What does the whale eat?*
La ballena come peces. *The whale eats fish.*

49

Mi Familia
My Family

Ésta es la **f**oto de mi familia.	*This is the picture of my family.*
¿**C**uántas pers**o**nas hay en tu familia?	*How many people are (there) in your family?*
Hay di**e**z. **T**engo tres herman**o**s,	*There are ten. I have three brothers,*
cuatro herman**a**s y m**i**s p**a**dres.	*four sisters and my parents.*
Y...¿qui**é**n es **é**l/ella?	*And...who is **he**/she?*
Él/**E**lla, es mi herman**o**/a Juan/a.	*He/She is my **brother**/sister John/Jo-Ann*
¡**U**uuuy....**é**l/ella es m**u**y l**i**ndo/a!	*Wow...**he**/she is so cute!*
S**í**, mi herman**o**/a Juan/a	*Yes, my **brother**/sister John/Jo-Ann*
es m**u**y popul**a**r en su escu**e**la.	*is very popular in **his**-her school.*
Y...¿c**ó**mo es	*And...how is your*
tu herman**o**/a Juan/a?	*brother/sister John/Jo-Ann like?*
Es m**u**y l**i**sto/a y deportista.	*He-She is very smart and athletic.*
Le g**u**sta el f**ú**tbol, el voleib**o**l y el t**e**nis	*He-She likes soccer, volleyball and tennis.*
Y...¿ti**e**ne n**o**vio/a?...	*And...does **he**-she have a boy/**girl**friend?*
No. ¿Por qu**é**? ¿Te g**u**sta mi herman**o**/a?	*No. Why? Do you like my **brother**/sister?*
¡**A**y, no, ...bu**e**no, ...tal v**e**z, un p**o**co!	*Oh, no, ...well,...maybe, a little!*
¡**P**ues, v**a**mos al c**i**ne c**o**n mi	*Well, let's go to the movie theatre with my*
herman**o**/a Juan/a	*brother/sister John/Jo-Ann*
y tu hermana **A**na!	*and your sister Ann!*
Y¿qu**é** hay en el c**i**ne?	*And what's (there) in the movie theatre?*
H**a**y **u**na película del "Gorila K**o**n-Kin" o	*There is a movie of the "Gorila Kon-Kin" or*
del "Le**ó**n - R**e**y de la Selva".	*of the "Lion - King of the Jungle."*
¿Cu**á**l te g**u**sta m**á**s?	*Which one do you like best?*
No s**é**...tal v**e**z la película del	*I don't know...maybe the movie of the*
"Le**ó**n - R**e**y de la Selva".	*"Lion - King of the Jungle."*
¿Cu**á**nto cu**e**sta la entr**a**da?	*How much is the entrance?*
La entr**a**da cu**e**sta $50 cincu**e**nta pesos.	*The entrance costs $50 fifty pesos.*
¡Ay caramba! ¡No traigo ni **u**n quinto!	*Gee whiz! I don't even have a nickel!*

50

Did you know...

Latin America is well known for its archaeological sites. From Mexico all the way down to South America you can visit places that once were the home of great civilizations. One of these well known civilizations were "The Mayas." They lived in the South of Mexico, Guatemala and Belize from 900 B.C. - A.D. 1500. They were very advanced astronomers, mathematicians and extraordinary architects. Without horses, metal tools, telescopes or the wheel, they created huge stone cities with extensive roads, accurate calendar pyramids, temples and observatories. We know so much about them because they left "hieroglyghs" - pictures carved in stone that tell us about their life. There are still many unexplained mysteries of how they could be so ahead of their time. The pyramid of "Kukulcan" (Feathered Snake) in Chichen-Itza is about 30 meters tall. It has a square bottom with four sides, each with 91 steps and one more step on the top temple. These steps account for the 365 days of the year. Crowds of people gather to see the pyramid display of Spring and Fall equinoxes (March 20 or 21 and September 22 or 23.) Only on these two days, people can see a snake coming down the northern steps of the pyramid with the combination of sunlight and shadow. In July of 2007 "Chichen-Itza" was named one of the New seven wonders of the world.

Equinox at Kukulcan's Pyramid, Chichen-Itza, Mexico.   Photo Courtesy of Elena Zheleva

Remember

Vocabulario Capítulo  3

Familia	Family
abuela	grandmother
abuelo	grandfather
hermana	sister
hermano	brother
hija	daughter
hijo	son
madre (mamá)	mother (mom)
padre (papá)	father (dad)
tío	uncle
tía	aunt
primo	cousin (male)
prima	cousin (female)
sobrino	nephew
sobrina	niece
nieto	grandson
nieta	grandaughter

Números del 100 +	Numbers from 100 +
cien	one hundred
ciento uno...	one hundred & one...
doscientos	two hundred
trescientos	three hundred
cuatrocientos	four hundred
quinientos	five hundred
seiscientos	six hundred
setecientos	seven hundred
ochocientos	eight hundred
novecientos	nine hundred
mil	one thousand
mil uno...	one thousand & one...
dos mil	two thousand
un millón	one million
un billón	one billion

Opuestos	Opposites
alto/a(s)	tall/high
bajo/a(s)	short/low
bueno/a(s)	good
caliente(s)	hot
claro/a(s)	light/clear
contento/a(s)	happy
delgado/a(s)	thin
duro/a(s)	hard
frío/a(s)	cold
gordo/a(s)	fat
grande(s)	big
joven(es)	young
lento/a(s)	slow
malo/a(s)	bad
mucho/a(s)	many/much
nuevo/a(s)	new
oscuro/a(s)	dark
pequeño/a(s)	small
poco/a(s)	few
rápido/a(s)	fast
suave(s)	soft
triste(s)	sad
viejo/a(s)	old person
viejo/a(s)	old thing

Animales Salvajes	Wild Animals
águila	eagle
avestruz	ostrich
ballena	whale
canguro	kangaroo
cebra	zebra
cocodrilo	crocodile
delfín	dolphin
elefante	elephant
foca	seal
gorila	gorilla
hipopótamo	hippo
jirafa	giraffe
león	lion
lobo	wolf
mapache	raccoon
mono	monkey
murciélago	bat
oso	bear
pulpo	octopus
rinoceronte	rhinoceros
serpiente	snake
tiburón/camarón	shark/shrimp
tigre	tiger
venado	deer

Chapter 4

School
The Pledge of Allegiance
Days of the Week
Colorful Spring
Seasons, Months and Weather
Holiday Calendar
Questions & Answers 40-52
Skit 4 - The End of my Vacations
Cultural Point - Pamplona
Vocabulary Summary

LA ESCUELA
School

el lápiz
the pencil

la pluma
the pen

la regla
the ruler

la silla
the chair

las tijeras
the scissors

la campana
the bell

la goma
the eraser

el escritorio
the desk

los dibujos
the drawings

el libro/librero
the book/bookshelf

la mochila
the backpack

el gis/la tiza
the chalk

el pizarrón
the blackboard

el pegamento
the glue

la luz
the light

la bandera
the flag

el cuaderno
the notebook

el papel
the paper

la calculadora
the calculator

la computadora
the computer

el calendario
the calendar

la mesa
the table

la pintura
the paint

el mapa
the map

10 more School Words... →

sacapuntas	*pencil sharpener*	lapicero	*ink*
pincel	*paint brush*	bolígrafo	*rolling pen*
pupitre	*student desk*	resaltador	*high lighter*
casillero	*locker*	engrapadora	*stapler*
carpeta	*binder*	grapas	*staples*

LA ESCUELA
The School

El Lápiz *is the pencil*

La Pluma *is the pen*

La Regla *is the ruler*

La Silla *is the chair*

Tijeras *are scissors*

Campana *is bell*

Goma *is eraser*

Escritorio *is desk*

Los Dibujos *are the drawings*

El Libro *is the book*

La Mochila *is the back-pack*

El Gis *is the chalk*

Pizarrón *is blackboard*

Pegamento *is glue*

Luz *is light*

Bandera *is flag*

Cuaderno *is notebook*

JURAMENTO A LA BANDERA
Pledge of Allegiance

Juro lealtad a la bandera

I pledge allegiance to the flag

de los Estados Unidos de América

of the United States of America

y a la república, que representa

and to the republic, for which it stands

una nación al amparo de Dios,

one nation under God

indivisible, *indivisible,*

con libertad y justicia para todos.

with liberty and justice for all.

40 ¿Hay **computadoras** en **la clase**?	*Sí/No,* no hay **computadoras** en **la clase**.
*Are there **computers** in **the class**?*	*Yes/No, there are no **computers** in **the class**.*
41 ¿Cuántos/as **computadoras** hay?	*Hay 5 **computadoras**.*
*How many **computers** are there?*	*There are 5 **computers**.*
42 ¿Qué quieres (tú)?	*(Yo)* Quiero <u>el libro</u>.
What do you want?	*I want <u>the book</u>.*
43 ¿De quién es **el lápiz**?	*El lápiz* es de <u>Paola</u>.
*Whose **pencil** is this? (Of who is the pencil?)*	*The pencil is (of) <u>Paola's</u>.*
44 ¿Tú tienes **una pluma roja**?	*Sí/No,* yo no tengo **una pluma roja**.
*Do you have **a red pen**?*	*Yes/No, I don't have **a red pen**.*

LOS DÍAS DE LA SEMANA

Days of the Week

Origen de los Días de la Semana

Most of the days of the week originated from Roman Mythology with Latin roots. They were used to honor Roman Gods.

lunes from Latin "Lunae dies" **Day to honor the Moon Goddess**

martes from Latin "Martis dies" **Day to honor Mars, the War God**

miércoles from Latin "Mercurii dies" **Day to honor Mercury, Jupiter's Messenger**

jueves from Latin "Iovis dies" **Day to honor Jupiter, Supreme God to the Romans**

viernes from Latin "Veneris dies" **Day to honor Venus, the Love and Beauty Goddess**

sábado from Hebrew "Sabbath" **"Day to rest"**

domingo from Latin "Dominicus dies" **"Day of the Lord"**

57

Remember

Days of the week and months **do not** need to be **capitalized**.

Did you know?

In certain South American countries, those furthest from the equator, the seasons are opposite of those in North America. Spring starts in September, Summer in December, Fall starts in March and Winter in June.

CD-ROM **Song 22**

LOS DÍAS DE LA SEMANA
The Days of the Week

lunes, martes, miércoles, jueves, viernes, sábado y domingo

Monday, Tuesday, Wednesday, Thursday, Friday, Saturday and Sunday

| **mañana** – *morning* | **tarde** – *afternoon* | **noche** – *night* |

| **ayer** – *yesterday* | **hoy** – *today* | **mañana** – *tomorrow* |

CD-ROM **Questions 13**

45 ¿Qué día es hoy/mañana? *What day is today/tomorrow*	**Hoy es lunes. Mañana es martes.** *Today is Monday. Tomorrow is Tuesday.*
46 ¿Qué día fué ayer? *What day was yesterday?*	**Ayer fué domingo.** *Yesterday was Sunday.*
47 ¿Qué días (tú) vas a la clase de español? *What days do you go to (the) Spanish class?*	**(Yo) Voy a la clase de español los jueves.** *I go to (the) Spanish class on (the) Thursdays.*

58

Song 23 ▸ DE COLORES

Colorful

De colores, de colores se visten los campos
Colorful, colorful the country dresses

en la primavera.
in the Spring time.

De colores, de colores son los pajaritos
Colorful, colorful are the birds

que vienen de fuera.
that come from far away.

De colores, de colores es el arco iris
Colorful, colorful is the rainbow

que vemos lucir.
that we see shining.

Y por eso los grandes amores de muchos colores
And that's why great loves of many colors

me gustan a mí... *I like...*

Canta el gallo, canta el gallo con el
The rooster sings, the rooster sings with the

quiri-quiri-quiri-quiri-quiri
la gallina, la gallina con el
the hen, the hen with the

cara-cara-cara-cara-cara
los pollitos, los pollitos con el
the chicks, the chicks with the

pío-pío-pío-pío-pí
Y por eso los grandes amores...
And that's why great loves...

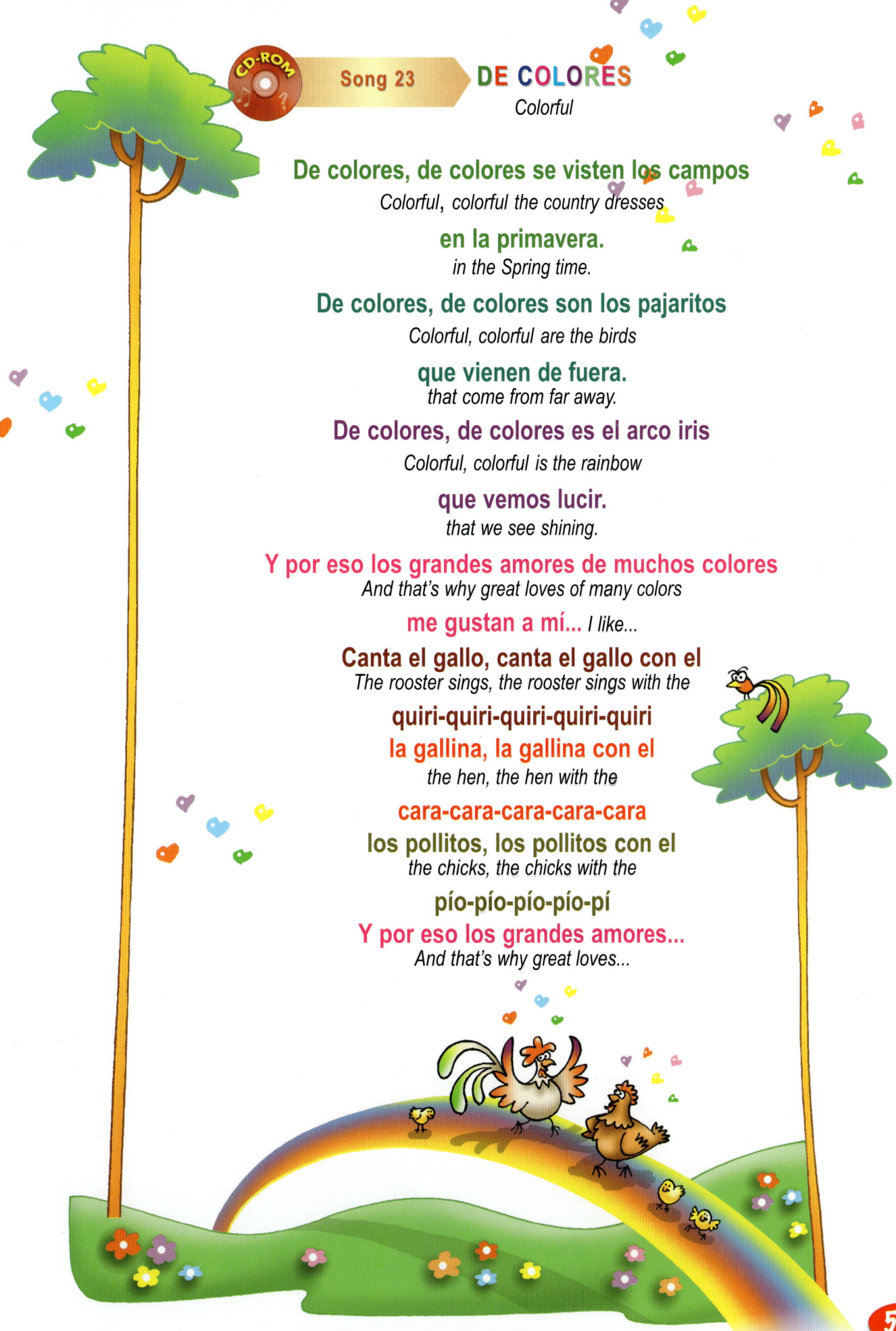

59

PRIMAVERA *marzo abril mayo*

VERANO *junio julio agosto*

OTOÑO septiembre octubre noviembre

INVIERNO diciembre enero febrero

Song 24

LAS ESTACIONES DEL AÑO

The Seasons of the Year

Primavera, primavera

Spring, spring

hace muy buen tiempo.

it's very good weather.

Verano, verano

Summer, summer

hace mucho calor.

it's very hot.

Otoño, otoño

Autumn, autumn

hace mucho viento.

it's very windy.

Invierno, invierno

Winter, winter

¡frío en la nariz!

cold in the nose!

Song 25

LOS MESES DEL AÑO

The Months of the Year

1 **Uno** de **enero**
2 **Dos** de **febrero**
3 **Tres** de **marzo**
4 **Cuatro** de **abril**
5 **Cinco** de **mayo**
6 **Seis** de **junio**
7 **Siete** de **julio**
¡San Fermín!
agosto, septiembre, octubre, noviembre, diciembre.

Song 26

FELIZ CUMPLEAÑOS

Happy Birthday

Feliz Cumpleaños a ti
Feliz Cumpleaños a ti

Happy Birthday to you

Feliz Cumpleaños querido/a...

Happy Birthday dear...

Feliz Cumpleaños a ti.

Happy Birthday to you.

Questions14

Remember
a + el = al *(to the)*
de + el = del *(of the)*

48 Cómo está el tiempo hoy? *How is the weather today?*	**Hoy** hace calor. **Hoy** hace frío. *Today it is hot. /Today it is cold. (Today makes heat/cold.)*
49 ¿Quién tiene frío/calor? *Who is (has) cold/hot?*	**Él** tiene frío. /**Ella** tiene calor. *He is (has) cold. /She is (has) hot.*
50 ¿Qué fecha es hoy? *What is today's date?*	**Hoy** es 4 de noviembre del 2008. *Today is November 4, (of the) 2008.*
51 ¿Cuándo es tu cumpleaños? *When is your birthday?*	**Mi cumpleaños** es en junio, el 18 de junio. *My birthaday is in June, the 18th of June.*
52 ¿Cuándo (tú) vas a ir al circo? *When are you going (to go) to the circus?*	(Yo) **Voy a** ir al circo el sábado. /en mayo. *I am going to (go to) the circus on (the) Saturday. /in May.*

CALENDARIO DE DÍAS FESTIVOS

ENERO

Año Nuevo

FEBRERO

Día del Amor y la Amistad

MARZO

Día de San Patricio

ABRIL

Día de Pascua

MAYO

Día de la Madre

JUNIO

Día del Padre

JULIO

Día de la Independencia

AGOSTO

Regreso a Clases

SEPTIEMBRE

Día del Trabajo

OCTUBRE

Día de las Brujas

NOVIEMBRE

Día de Acción de Gracias

DICIEMBRE

Navidad

63

Conversation

El Fin de mis Vacaciones
The End of my Vacations

¡Anda, ya levántate!	Come on, get up now!
¿Eh? ¿Qué día es hoy?	Huh? What date is today?
Hoy es sábado, quince de agosto.	Today is Saturday, August fifteenth.
Y ¿cómo está el tiempo?	And, how is the weather like?
¡Hace mucho calor!	It is very hot!
¡Qué bueno! ¿Quieres ir al río?	Good! Do you want to go to the river?
¿Cuándo es el primer día de clases?	When is the first day of school?
Este lunes.	This Monday.
¿Cómo es posible? ¿Ya tienes todos tus útiles escolares?	How is it possible? Do you already have all your school supplies?
No, todavía no. Me falta mi mochila, una regla, unas tijeras, unos lápices de colores y el libro de inglés.	No, not yet. I am still missing my back-pack, a ruler, some scissors, some coloring pencils and the English book.
¡Al río, definitivamente NO!	To the river, definitely NOT!
¿Cuándo vas a ir a la papelería?	When are you going to go to the office supply store?
Mañana.	Tomorrow.
Pero mañana es domingo, la papelería está cerrada.	But tomorrow is Sunday, the office supply store is closed.
Pues, entonces vamos al río y después vamos por mis útiles escolares.	Well, then let's go to the river and afterwards we go for my school supplies.
Al revés, primero vamos a la papelería, luego a la librería y después al río.	The other way around, first we go to the office supply store, then to the book store and afterwards to the river.
¿Tú quieres eso?	Do you want that?
No, yo no quiero hacer eso, pero… está bien...¡tú ganas!	No, I don't want that, but… all right...you win!

Did you know...

Religious celebrations are popular in Spain and Latin America. In fact, each day of the calendar year is given the name of a Saint. In the past, it was a custom to name a child in honor of the Saint of the day he or she was born. Some unusual names were given to some children, such as Prepedigna, Agatángelo, Ciriaca, Pretextato, Pancracio or Desiderio. Many people with Saint names get to celebrate another birthday party with cake and presents on the day of the Saint for whom they were named.

There are hundreds of festivities that honor Saints. The song of "The Months of the Year" mentions "July 7th - Saint Fermín," which is a big celebration in Spain honoring Saint Fermín. The town of Pamplona is famous for its "encierros" or "running of the bulls." Some streets are shut down and hundreds of men race in front of the bulls to show how brave they are. Anyone over eighteen can participate. It is an exciting event. Unfortunately, it is also dangerous, especially for inexperienced runners and tourists who don't understand the tradition.

Pamplona, Spain.   Photo Courtesy of Valentín Gómez Montes

65

Remember

Vocabulario Capítulo  4

Escuela	School
bandera	flag
calculadora	calculator
calendario	calendar
campana	bell
computadora	computer
cuaderno	notebook
dibujos	drawings
escritorio	desk
gis/tiza	chalk
goma (de borrar)	eraser
lápiz	pencil
libro/librero	book/bookshelf
luz	light
mapa	map
mesa	table
mochila	backpack
papel	paper
pegamento	glue
pintura	paint
pizarrón	chalk board
pluma	pen
regla	ruler
silla	chair
tijeras	scissors

Meses	Months
enero	January
febrero	February
marzo	March
abril	April
mayo	May
junio	June
julio	July
agosto	August
septiembre	September
octubre	October
noviembre	November
diciembre	December

Estaciones	Seasons
Primavera	Spring
hace buen tiempo	it's good weather
Verano	Summer
hace calor	it's hot
Otoño	Autumn
hace viento	it's windy
Invierno	Winter
hace frío	it's cold

Días de la Semana	Days of the Week
lunes	Monday
martes	Tuesday
miércoles	Wednesday
jueves	Thursday
viernes	Friday
sábado	Saturday
domingo	Sunday
ayer	yesterday
hoy	today
mañana	tomorrow
mañana	morning
tarde	afternoon
noche	night

Chapter

5

Verbs
Personal Pronouns
Present
Past
Future
Questions & Answers 53-58
Skit 5 - The Recess
Cultural Point - Socializing
Vocabulary Summary

LOS VERBOS

Verbs

comer *to eat*
como, comes, come, comemos, comen

tomar *to drink/to take*
tomo, tomas, toma, tomamos, toman

dormir *to sleep*
duermo, duermes, duerme, dormimos, duermen

vivir *to live*
vivo, vives, vive, vivimos, viven

ver *to see*
veo, ves, ve, vemos, ven

tocar *to touch*
toco, tocas, toca, tocamos, tocan

escuchar *to listen*
escucho, escuchas, escucha, escuchamos, escuchan

hablar *to talk/speak*
hablo, hablas, habla, hablamos, hablan

caminar *to walk*
camino, caminas, camina, caminamos, caminan

correr *to run*
corro, corres, corre, corremos, corren

brincar *to jump*
brinco, brincas, brinca, brincamos, brincan

jugar *to play*
juego, juegas, juega, jugamos, juegan

pregunt*ar* *to ask*
pregunto, preguntas, pregunta, preguntamos, preguntan

contest*ar* *to answer*
contesto, contestas, contesta, contestamos, contestan

escrib*ir* *to write*
escribo, escribes, escribe, escribimos, escriben

le*er* *to read*
leo, lees, lee, leemos, leen

ir *to go*
voy, vas, va, vamos, van

ven*ir* *to come*
vengo, vienes, viene, venimos, vienen

bail*ar* *to dance*
bailo, bailas, baila, bailamos, bailan

cant*ar* *to sing*
canto, cantas, canta, cantamos, cantan

ayud*ar* *to help*
ayudo, ayudas, ayuda, ayudamos, ayudan

trabaj*ar* *to work*
trabajo, trabajas, trabaja, trabajamos, trabajan

vend*er* *to sell*
vendo, vendes, vende, vendemos, venden

compr*ar* *to buy*
compro, compras, compra, compramos, compran

10 more Verb → **Words...**

sub*ir*	*to go up/to raise*	limpi*ar*	*to clean*
baj*ar*	*to come/bring down*	enseñ*ar*	*to teach/show*
abr*ir*	*to open*	aprend*er*	*to learn*
cerr*ar*	*to close*	tra*er*	*to bring*
hac*er*	*to do/to make*	llev*ar*	*to take*

69

VERBOS
The Verbs

Comer *to eat* **Tomar** *to drink*
Dormir *to sleep* **Vivir** *to live*
Ver *to see* **Tocar** *to touch*
Escuchar *to listen* **Hablar** *to speak*

Caminar *to walk* **Correr** *to run*
Brincar *to jump* **Jugar** *to play*
Preguntar *to ask* **Contestar** *to answer*
Escribir *to write* **Leer** *to read*

Ir *to go* **Venir** *to come*
Bailar *to dance* **Cantar** *to sing*
Ayudar *to help* **Trabajar** *to work*
Vender *to sell* **Comprar** *to buy*

Look!

There are three types of *infinitive verbs* (*verbos infinitivos*) in Spanish; they end in ar, er, ir.
In English these verbs have *"to"* before the verb:
tomar - *to* drink,
comer - *to* eat,
dormir - *to* sleep

ar – tomar, tocar, escuchar, hablar, caminar, brincar, jugar, preguntar, contestar, bailar, cantar, ayudar, trabajar, comprar,
er – comer, ver, correr, leer, vender
ir – dormir, vivir, escribir, ir, venir

Warning! ✖

Sentences have one or more verbs. When two verbs are next to each other, the second one is usually in the infinitive (ar, er, ir ending):

Yo quiero **jugar/comer/escribir**.   *I want to play/eat/write.*
Tú puedes **ir**.   *You can go.*

Questions 15

53 ¿Tú quieres jugar?	**Sí/No, yo no quiero jugar.**
Do you want to play?	*Yes/No, I don't want to play.*
54 ¿Quién quiere leer la página 14?	**Yo/no quiero leer la página 14.**
Who wants to read (the) page 14?	*I don't want to read (the) page 14.*
55 ¿Tú puedes ayudar a la profesora?	**Sí/No, yo no puedo ayudar a la profesora.**
Can you help the teacher?	*Yes/No, I can not help the teacher.*
56 ¿Quién puede correr rápido?	**Yo/no puedo correr rápido.**
Who can run fast?	*I can not run fast.*
57 ¿Tú sabes hablar chino?	**Sí/No, yo no sé hablar chino.**
Do you know how to speak Chinese?	*Yes/No, I don't know how to speak Chinese?*
58 ¡Yo también!	**¡Yo tampoco!**
Me, too!	*Me, neither!*

LOS PRONOMBRES PERSONALES

Personal Pronouns

yo
I

él
he

ella
she

nosotro<u>s</u>
we

ello<u>s</u>
they (males)

ella<u>s</u>
they (females)

tú
you (casual)

usted
you (formal)

ustede<u>s</u>
you (all)

Personal Pronouns are used before verbs to tell us who or what is doing the action.

In Spanish, there are two ways of saying **they**:
ellos - they (males)   **ellas** - they (females)
When there is a mixed group of males and females, use **ellos** to refer to the group.

In Spanish, there are three ways of saying **you**:
tú (you casual) - use it when **you** represents a person who you speak to by their **first name**.
usted (you formal) - use it when **you** represents a person who you speak to **with a title** before their name such as
     Dr. Mr. Mrs. Miss. In Spanish we say Doctor - Dr., Señor - Sr., Señora - Sra., Señorita - Srita.
ustedes (you all) - use it when **you** represents a **group of people**, no matter their age or respect level.

Presente

Where you are now!

Choose a personal pronoun and a verb word card. To speak in the present, use the RED horizontal section on the center side of the flashcards.

Insert the verb word ar, er, ir ending under the proper ar, er, ir color slit.

Hoy
Today

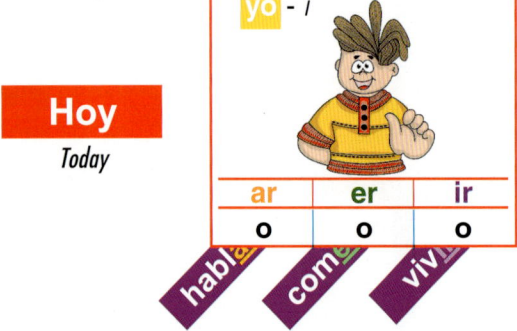

yo - *I*

ar	er	ir
o	o	o

 Hoy yo habl**o.** *Today I speak.*

 Hoy yo com**o.** *Today I eat.*

 Hoy yo viv**o.** *Today I live.*

Hoy
Today

tú - *you*

ar	er	ir
as	es	es

 Hoy tú habl**as.** *Today you speak.*

 Hoy tú com**es.** *Today you eat.*

 Hoy tú viv**es.** *Today you live.*

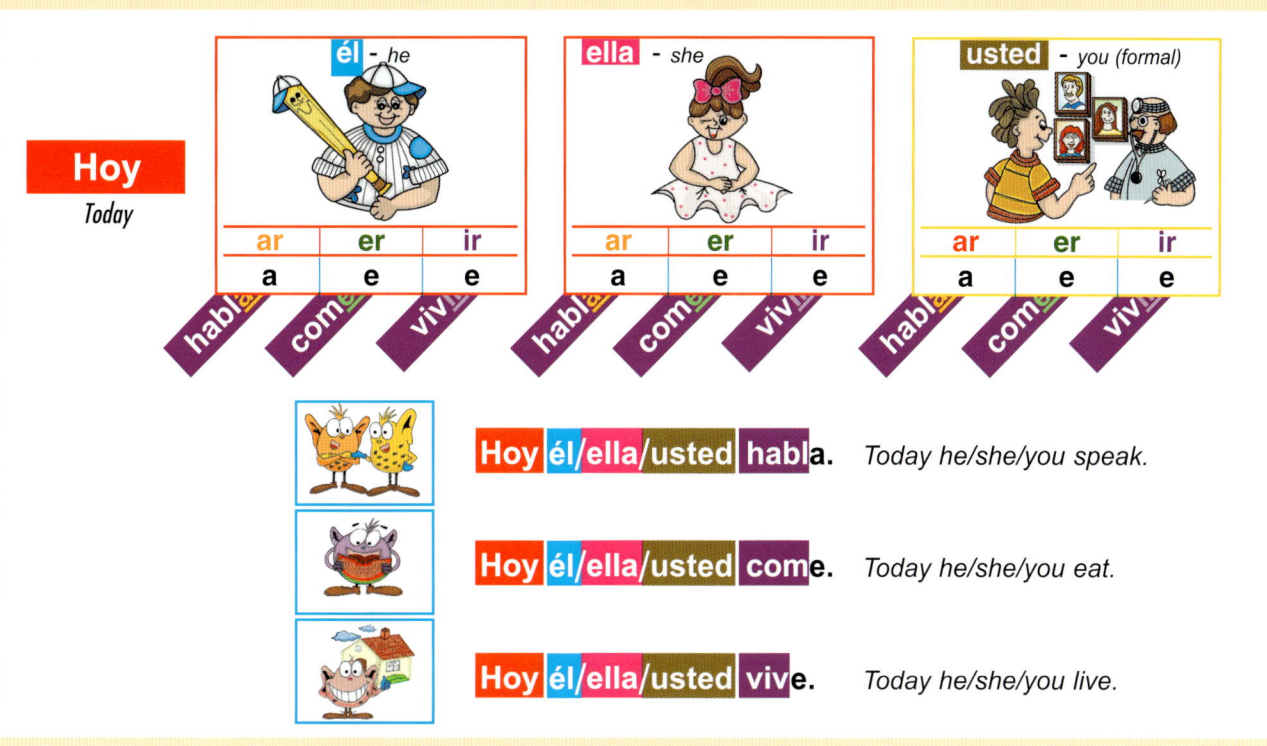

Hoy
Today

él - *he*

ella - *she*

usted - *you (formal)*

ar	er	ir
a	e	e

ar	er	ir
a	e	e

ar	er	ir
a	e	e

Hoy él/ella/usted habla. *Today he/she/you speak.*

Hoy él/ella/usted come. *Today he/she/you eat.*

Hoy él/ella/usted vive. *Today he/she/you live.*

Hoy
Today

nosotros - *we*

ar	er	ir
amos	emos	imos

Hoy nosotros hablamos. *Today we speak.*

Hoy nosotros comemos. *Today we eat.*

Hoy nosotros vivimos. *Today we live.*

Hoy
Today

ellos - *they males*

ellas - *they females*

ustedes - *you all*

ar	er	ir
an	en	en

ar	er	ir
an	en	en

ar	er	ir
an	en	en

Hoy ellos/ellas/ustedes hablan. *Today they/you speak.*

Hoy ellos/ellas/ustedes comen. *Today they/you eat.*

Hoy ellos/ellas/ustedes viven. *Today they/you live.*

73

Pasado

Where you *were* before red

Practice speaking in the Past

Choose a personal pronoun and a verb word card. To speak in the past, use the YELLOW horizontal section on the left side of the flashcards.

Insert the verb word ar, er, ir ending under the proper ar, er, ir color slit.

Ayer
Yesterday

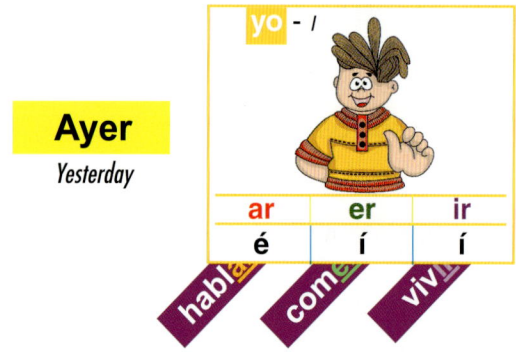

yo - *I*

ar	er	ir
é	í	í

habla com viv

  **Ayer yo habl**é.   *Yesterday I spoke.*

 **Ayer yo com**í.   *Yesterday I ate.*

 **Ayer yo viv**í.   *Yesterday I lived.*

Ayer
Yesterday

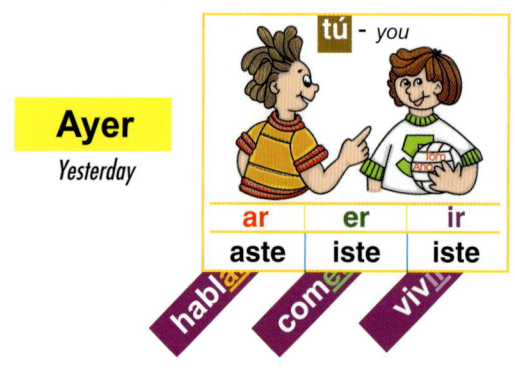

tú - *you*

ar	er	ir
aste	iste	iste

habla com viv

  **Ayer tú habl**aste.   *Yesterday you spoke.*

Ayer tú comiste.   *Yesterday you ate.*

 **Ayer tú viv**iste.   *Yesterday you lived.*

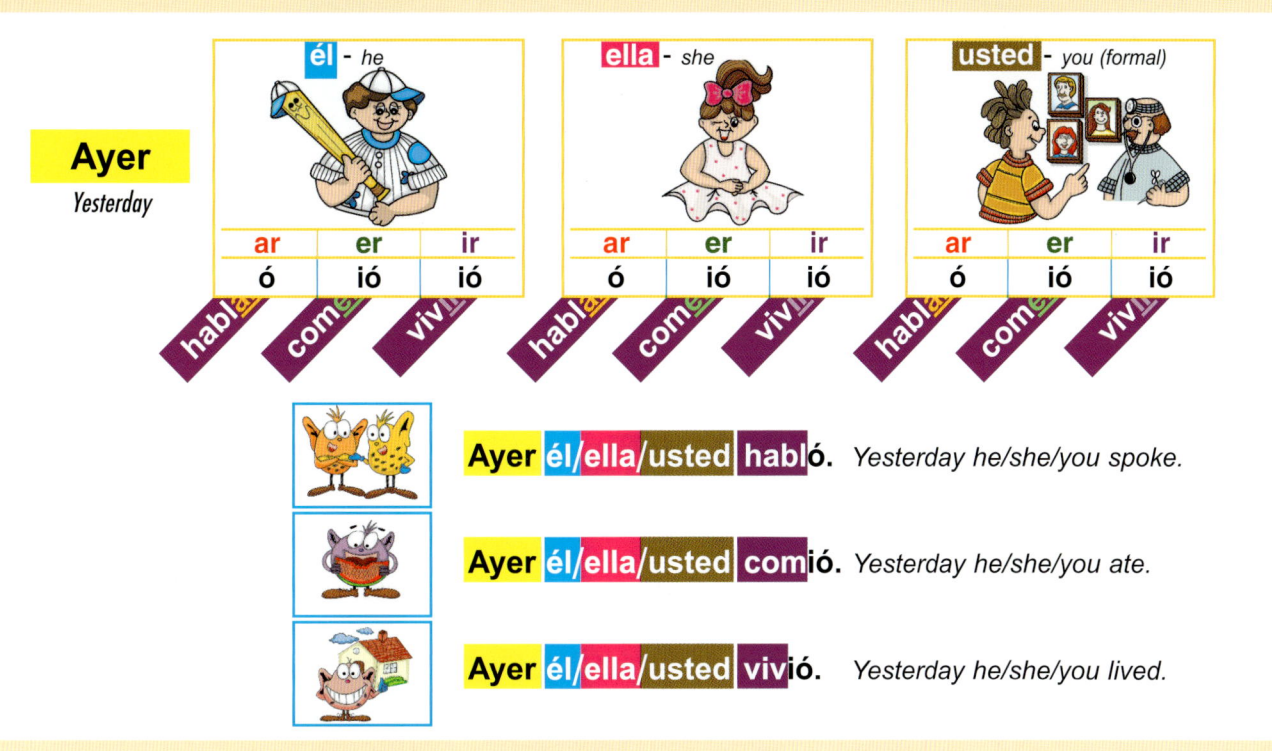

Ayer
Yesterday

él - he			ella - she			usted - you (formal)		
ar	er	ir	ar	er	ir	ar	er	ir
ó	ió	ió	ó	ió	ió	ó	ió	ió

habl / com / viv

Ayer él/ella/usted habló. *Yesterday he/she/you spoke.*

Ayer él/ella/usted comió. *Yesterday he/she/you ate.*

Ayer él/ella/usted vivió. *Yesterday he/she/you lived.*

Ayer
Yesterday

nosotros - we		
ar	er	ir
amos	emos	imos

Ayer nosotros hablamos. *Yesterday we spoke.*

Ayer nosotros comimos. *Yesterday we ate.*

Ayer nosotros vivimos. *Yesterday we lived.*

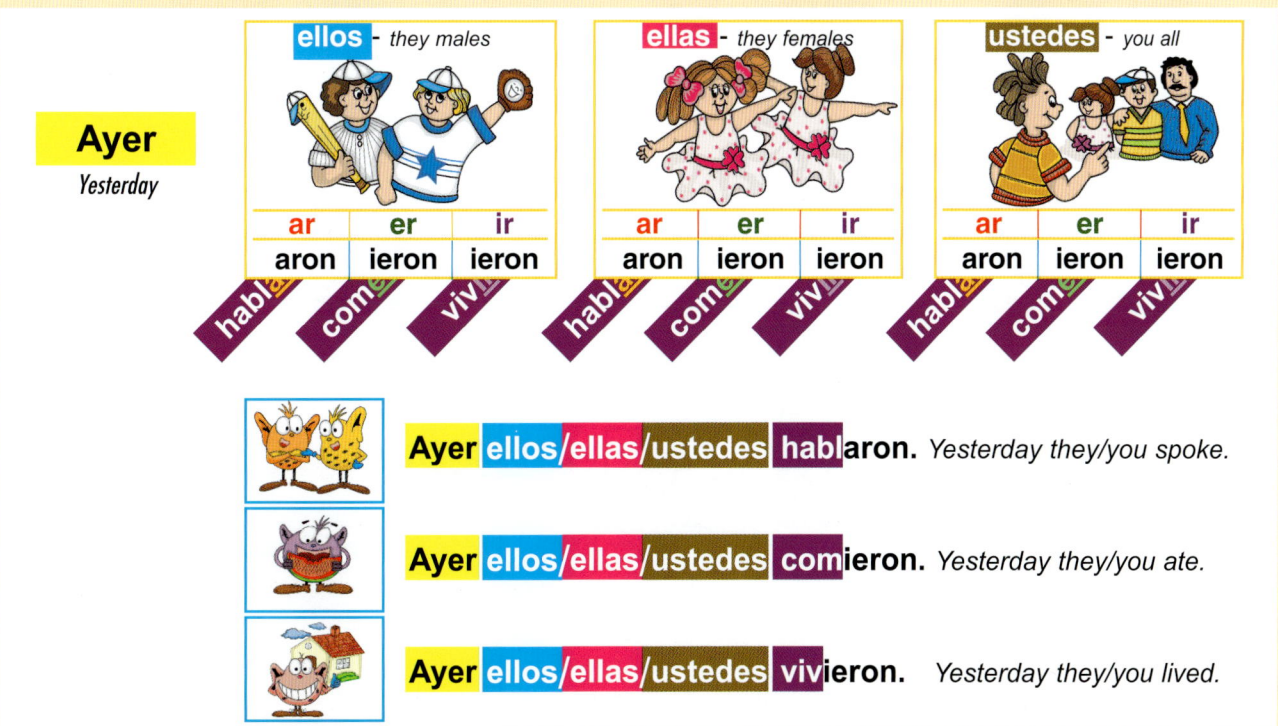

Ayer
Yesterday

ellos - they males			ellas - they females			ustedes - you all		
ar	er	ir	ar	er	ir	ar	er	ir
aron	ieron	ieron	aron	ieron	ieron	aron	ieron	ieron

Ayer ellos/ellas/ustedes hablaron. *Yesterday they/you spoke.*

Ayer ellos/ellas/ustedes comieron. *Yesterday they/you ate.*

Ayer ellos/ellas/ustedes vivieron. *Yesterday they/you lived.*

75

Futuro

Where you **will be** / **are going to be** after 🔴 red

Practice speaking in the Future

Choose a personal pronoun and a verb word card. To speak in the future, use the GREEN vertical section on the right side of the flashcards.

Cover the 3 dots with a verb word ending in ar, er, ir.

If you cover the 3 dots on the left with a verb word, it means "will + verb."

If you cover the 3 dots on the right with a verb word, it means "to be going to + verb."

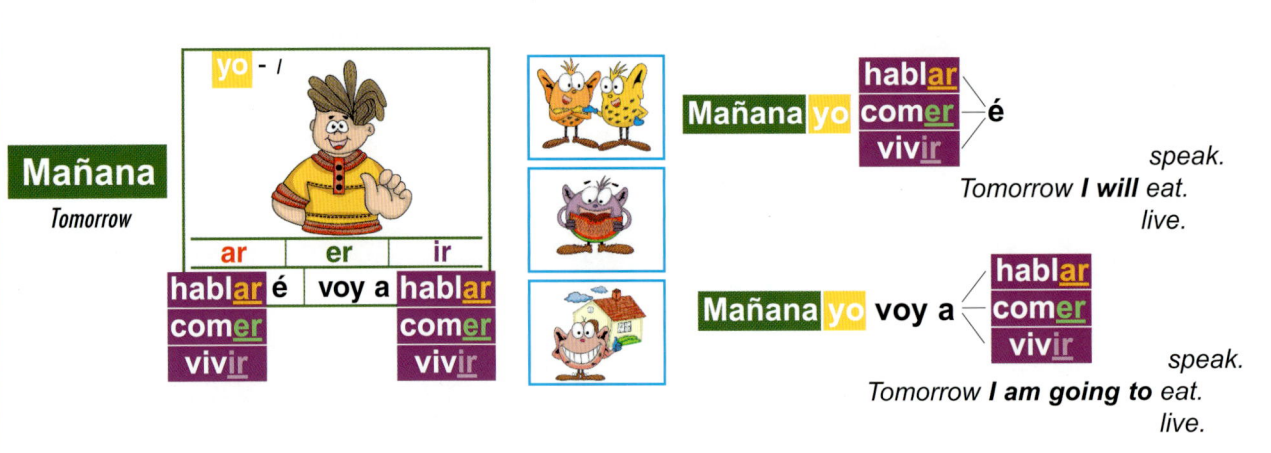

Mañana yo **hablar comer vivir** é

speak.
Tomorrow **I will** eat.
live.

Mañana yo **voy a hablar comer vivir**

speak.
Tomorrow **I am going to** eat.
live.

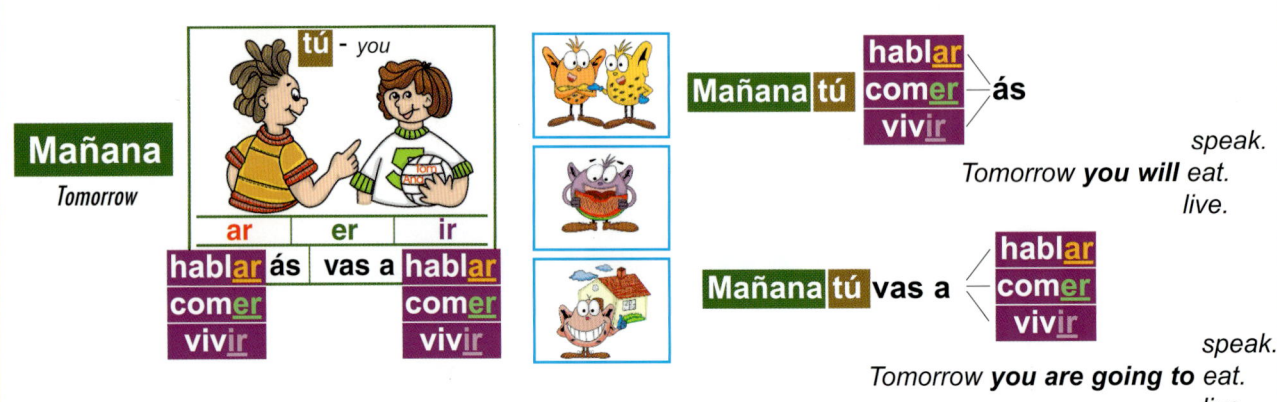

Mañana tú **hablar comer vivir** ás

speak.
Tomorrow **you will** eat.
live.

Mañana tú **vas a hablar comer vivir**

speak.
Tomorrow **you are going to** eat.
live.

Mañana
Tomorrow

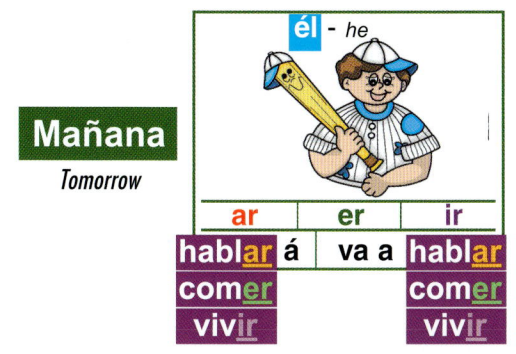

él - *he*

ar	er	ir

habl**ar** á | va a | habl**ar**
com**er** | | com**er**
viv**ir** | | viv**ir**

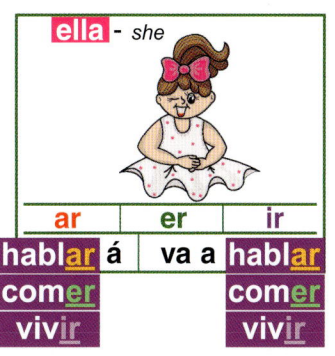

ella - *she*

ar	er	ir

habl**ar** á | va a | habl**ar**
com**er** | | com**er**
viv**ir** | | viv**ir**

usted - *you (formal)*

ar	er	ir

habl**ar** án | va a | habl**ar**
com**er** | | com**er**
viv**ir** | | viv**ir**

Mañana **él**/**ella**/**usted** habl**ar** / com**er** / viv**ir** → á

Tomorrow **they will** speak. / eat. / live.

Mañana **él**/**ella**/**usted** va a habl**ar** / com**er** / viv**ir**

Tomorrow **he/she is going to** / **you are going to** speak. / eat. / live.

Mañana
Tomorrow

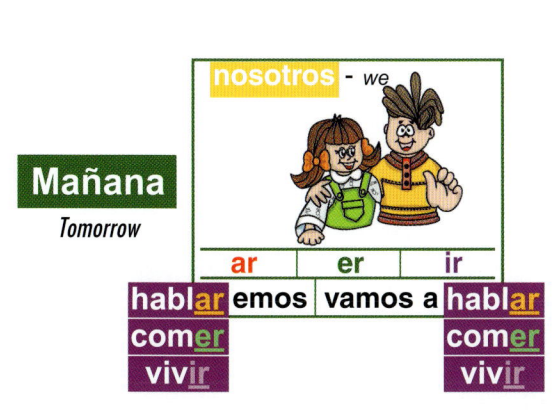

nosotros - *we*

ar	er	ir

habl**ar** emos | vamos a | habl**ar**
com**er** | | com**er**
viv**ir** | | viv**ir**

Mañana **nosotros** habl**ar** / com**er** / viv**ir** → emos

Tomorrow **we will** speak. / eat. / live.

Mañana **nosotros** vamos a habl**ar** / com**er** / viv**ir**

Tomorrow **we are going to** speak. / eat. / live.

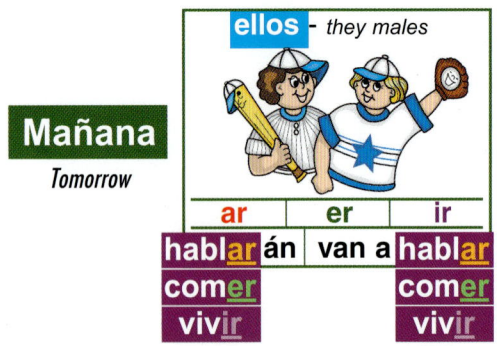

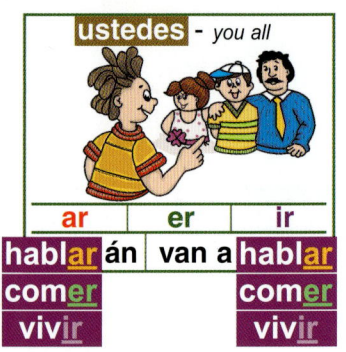

Mañana
Tomorrow

ellos	- they males		ellas	- they females		ustedes	- you all	
ar	er	ir	ar	er	ir	ar	er	ir
habl**ar** **án**	van a habl**ar**		habl**ar** **án**	van a habl**ar**		habl**ar** **án**	van a habl**ar**	
com**er**	com**er**		com**er**	com**er**		com**er**	com**er**	
viv**ir**	viv**ir**		viv**ir**	viv**ir**		viv**ir**	viv**ir**	

Mañana ellos/ellas/ustedes habl**ar**/com**er**/viv**ir** →**án**

Tomorrow **they/you will** speak. / eat. / live.

Mañana ellos/ellas/ustedes van a < habl**ar** / com**er** / viv**ir**

Tomorrow **they/you are going to** speak. / eat. / live.

 **Remember**

In Spanish, it is not necessary to place the personal pronoun before the verb. The ending of the verb changes and helps to identify who and when the action is taking place.

It is the same to say: "Yo habl**o**" or just "Habl**o**" *(I speak)*. "Yo habl**é**" or just "Habl**é**" *(I spoke)*.

CD-ROM — **Song 28**

IR, DAR
To go - To give

yo voy, tú vas, él va
nosotros vamos, ellos van
I go...you go, he goes
we go, they go

yo doy, tú das, él da
nosotros damos, ellos dan
I give...you give, he gives
we give, they give

Remember

Personal Pronouns	PRESENTE - Present		
	hablar	comer	vivir
yo *I*	habl **o**	com **o**	viv **o**
tú *you*	habl **as**	com **es**	viv **es**
él *he*	habl **a**	com **e**	viv **e**
ella *she*	habl **a**	com **e**	viv **e**
usted *you*	habl **a**	com **e**	viv **e**
nosotros *we*	habl **amos**	com **emos**	viv **imos**
ellos *they*	habl **an**	com **en**	viv **en**
ellas *they*	habl **an**	com **en**	viv **en**
ustedes *you*	habl **an**	com **en**	viv **en**

Personal Pronouns	PASADO - Past		
	hablar	comer	vivir
yo *I*	habl **é**	com **í**	viv **í**
tú *you*	habl **aste**	com **iste**	viv **iste**
él *he*	habl **ó**	com **ió**	viv **ió**
ella *she*	habl **ó**	com **ió**	viv **ió**
usted *you*	habl **ó**	com **ió**	viv **ió**
nosotros *we*	habl **amos**	com **imos**	viv **imos**
ellos *they*	habl **aron**	com **ieron**	viv **ieron**
ellas *they*	habl **aron**	com **ieron**	viv **ieron**
ustedes *you*	habl **aron**	com **ieron**	viv **ieron**

Personal Pronouns	FUTURO - Future				
	Will... speak, eat, live	ending	Ir + a	*Going to...* speak, eat, live	
yo *I*	Hablar...Comer...Vivir...	**é**	**Voy** a	...hablar...comer...vivir	
tú *you*	Hablar...Comer...Vivir...	**ás**	**Vas** a	...hablar...comer...vivir	
él *he*	Hablar...Comer...Vivir...	**á**	**Va** a	...hablar...comer...vivir	
ella *she*	Hablar...Comer...Vivir...	**á**	**Va** a	...hablar...comer...vivir	
usted *you*	Hablar...Comer...Vivir...	**á**	**Va** a	...hablar...comer...vivir	
nosotros *we*	Hablar...Comer...Vivir...	**emos**	**Vamos** a	...hablar...comer...vivir	
ellos *they*	Hablar...Comer...Vivir...	**án**	**Van** a	...hablar...comer...vivir	
ellas *they*	Hablar...Comer...Vivir...	**án**	**Van** a	...hablar...comer...vivir	
ustedes *you*	Hablar...Comer...Vivir...	**án**	**Van** a	...hablar...comer...vivir	

El Recreo
The Recess

Es la hora del recreo. ¡Vamos a jugar!	It is recess time. Let's go play!
¿Qué quieres, correr o jugar escondidillas?	What do you want, to run or to play hide and seek?
Prefiero brincar la cuerda, porque	I prefer to jump the rope, because
yo no puedo correr rápido.	I can not run fast.
¡Buena idea!	Good idea!
¿Dónde está la cuerda?	Where is the rope?
Está allá, arriba, en el árbol.	It's over there, up, on the tree.
¿Tú puedes ver la cuerda?	Can you see the rope?
¡Sí, pero está muy arriba!	Yes, but it is way up!
¿Quién quiere bajar la cuerda…?	Who wants to bring down the rope?
¿Quién quiere bajar la cuerda…?	Who wants to bring down the rope?
(Pasan varios minutos y…)	(Several minutes pass by…)
¡Nadie quiere bajar la cuerda!	Nobody wants to bring down the rope!
Mira, aquí en mi bolsillo tengo canicas.	Look, here in my pocket I have marbles.
¿Tú sabes jugar a las canicas?	Do you know how to play marbles?
No, no sé, pero podemos ir	No, I don't know, but we can go
a los columpios, al subibaja	to the swings, to the see-saw
o a la resbaladilla …	or to the slide…
¡Ay caramba! ¡Es tarde!	Oh my goodness! It's late!
¡Vamos a clase! ¡RÁPIDO!	Let's go to class! FAST!
¡Espérame!	Wait for me!

Did you know...

A visitor to Spain or Latin America will observe large numbers of people on the streets of both small towns and large cities. Not everyone has a car so many people walk or use public transportation. The warm weather in most Latin countries helps. But another reason why so many people are on the streets is that they like to socialize and visit with each other. Either they sit outside their homes to chat or meet in the town square called the "plaza central" or the "cafés." In smaller towns you may notice shops closed and few people in the streets between 1:00-3:00 or 2:00-4:00 p.m. That's because people take a break to eat dinner with their families and then take a "siesta" or short nap before they go back to work. Organized group sports after school are not as common as they are in the United States. Children in the neighborhoods enjoy gathering in parks and streets. They like to play informal sport games, especially soccer - una "cascarita" where no coach or uniform is required and anyone can join in at any time.

"Cascarita"   Photo Courtesy of Jorge Alcojor

Remember

Vocabulario Capítulo 5

Verbos	Verbs
ayudar	to help
bailar	to dance
brincar	to jump
caminar	to walk
cantar	to sing
comer	to eat
comprar	to buy
contestar	to answer
correr	to run
dormir	to sleep
escribir	to write
escuchar	to listen
hablar	to speak/talk
ir	to go
jugar	to play
leer	to read
preguntar	to ask
tocar	to touch
tomar	to drink
trabajar	to work
vender	to sell
venir	to come
ver	to see
vivir	to live

Pronombres Personales	Personal Pronouns
yo	I
tú	you (casual)
él	he
ella	she
usted	you (formal)
nosotros/as	we
ellos	they (males)
ellas	they (females)
ustedes	you (all)
Ayer	Yesterday
Hoy	Today
Mañana	Tomorrow

Extras	Extras
esto/eso	this/that
aquí/allá	here/there
otro/a(s)	other/another
otra vez	again
solo/a	alone/lonely
solamente	only

Chapter 6

Food
Table Setting
Time
My House
Picture Sentences
Questions & Answers 59-73
Skit 6 - In the Restaurant
Cultural Point - Street Vendors
Vocabulary Summary

LA COMIDA
Food

el pollo
the chicken

el pescado
the fish

el tocino
the bacon

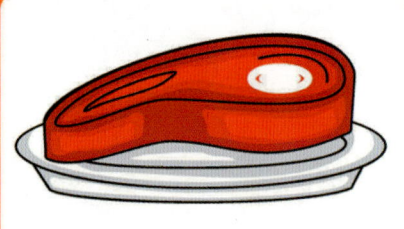

la carne
the meat

los frijole_s_
the beans

los huevo_s_
the eggs

el arroz
the rice

el pan dulce
the sweet bread

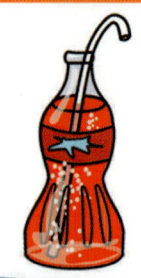

el refresco
The soda-pop

el jugo de naranja
the orange juice

el agua
the water

la leche
the milk

84

las galletas
the cookies

el pastel
the cake

el dulce
the candy

el helado
the ice-cream

el queso
the cheese

la mantequilla
the butter

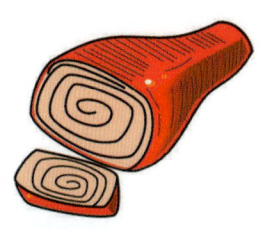

el jamón
the ham

las papas fritas
the french fries

la ensalada
the salad

la sopa
the soup

la sal y la pimienta
the salt and pepper

el azúcar
the sugar

10 more Food Words... →

lechuga	*lettuce*
zanahoria	*carrot*
pepino	*cucumber*
apio	*celery*
ajo y cebolla	*garlic and onion*
uvas	*grapes*
fresas	*strawberries*
sandía	*watermelon*
manzana	*apple*
crema de cacahuate	*peanut butter*

85

Song 29

LA COMIDA
The Food

Pollo - *chicken* **Pescado** - *fish*
Tocino - *bacon* **y Carne** - *meat*
Frijoles son *beans*
Huevos son *eggs*
Arroz es *rice* **y Pan es** *bread*
Refresco - *soda* **Jugo** - *juice*
Agua - *water* **y Leche** - *milk*
Galletas son *cookies* **Pastel es** *cake*
Dulce es *candy* **y Helado** - *ice cream*

Song 30

LOS CUBIERTOS
The Silverware

El cuchillo quería al tenedor
el cuchillo quería al tenedor.
The knife wanted the fork.

La cuchara con su cuchara
La cuchara con su cuchara
La cuchara con su cuchara

The (nosy) spoon with it's spoon

interrumpió.
interrupted.

Y el cuchillo enojado la cortó
y el cuchillo enojado la cortó.
and the mad knife cut her.

La servilleta pronto vino
la servilleta pronto vino
la servilleta pronto vino

The napkin promptly came

y los cubrió.
and covered them.

¡Vamos a poner la mesa!
Let's set the table!

vinagrera
vaso
taza
copa
salero y pimentero
platito
servilleta
plato hondo
tenedor
plato
cuchillo
cucharita
mantel individual
cuchara

Questions 16 & 17

59	¿Con quién (tú) vas a comer?	(Yo) Voy a comer contigo.
	Who are you going to eat with?	*I am going to eat with you.*
60	¿Ustedes van a ir al restaurante?	Sí/No, no vamos a ir al restaurante.
	Are you (all) going (to go) to the restaurant?	*Yes/No, we are not going (to go) to the restaurant.*

61	desayunar	almorzar	cenar
	(to have) breakfast?	*(to have) lunch*	*(to have) dinner*

62	¿Te gustan los chocolates blancos?	Sí/No, no me gustan los chocolates blancos.
	Do you like (the) white chocolates?	*Yes/No I don't like (the) white chocolates.*
63	¿Qué te gusta más el pan o la tortilla?	Me gusta más el pan.
	Which do you like (more) better (the) bread or (the) tortilla?	*I like (the) bread better. (more)*
64	¿Quién tiene hambre/sed?	El tiene hambre. Ella tiene sed.
	Who is hungry/thirsty? (Who has hunger/thirst?)	*He is hungry. She is thirsty. (He has hunger. She has thirst.)*
65	¿(Tú) Qué vas a desayunar?	(Yo) Voy a desayunar cereal.
	What are you going to have for breakfast?	*I am going to have cereal for breakfast.*

87

¿Qué hora es? - *What time is it?*

Son las doce
en punto
(**Es** mediodía /medianoche)

Es la una
y cuarto *(quince)*

Es la una
y media *(treinta)*

Son las dos
menos diez

**Son diez para
las dos**

Son las cuatro
y cuarto *(quince)*

Son las siete
menos veinte

**Son veinte para
las siete**

Son las ocho
en punto

 **Look!**

First say the hour. Use **Es la...** for **1:00** and **Son las...** for **2:00** through **12:00**
Choose one of these options to say the time:
After the hour say **y** and then the minutes if the time falls before the half hour.
If the time is past the half hour, say the hour it will be minus **menos** the minutes.
Or if the time is past the half hour, say the minutes until **para** the hour.
Notice: **en punto** - *o'clock,* **y cuarto** - *a fourth of an hour(15 minutes),*
   y media - *a half of an hour.*

88

AMIGO (La Hora)
Friend (Time)

Muy buenos días amigo

(Very) good morning friend

muy buenos días te doy.

(Very) good morning I give to you.

¿Quieres jugar conmigo?

Do you want to play with me?

¿A qué hora te tienes que ir?

At what time do you have to go?

Yo me voy a las nueve,

I leave at nine,

yo me voy a las diez,

I leave at ten,

Yo me voy a la una,

I leave at one,

¡Mejor me quedo hasta las seis!

I better stay until six!

Questions 18

66 ¿Qué hora es? *What time is it?*	**Es la 1:00 una. /Son las 3:00.** *It is 1:00. /It is 3:00,*
67 ¿A qué hora llega el tren? *(At) What time does the train arrive?*	**El tren llega a la 1:00 una. /a las 4:00.** *The train arrives at 1:00. /at 4.*
68 ¿Tú vas a salir temprano o tarde? *Are you going to leave early or late?*	(Yo) **Voy a salir temprano.** *I am going to leave early.*

Voy a salir temprano.

Voy a salir tarde.

89

LA CASA

House

la sala
the living room

el comedor
the dining room

la recámara
the bedroom

el baño
the bathroom

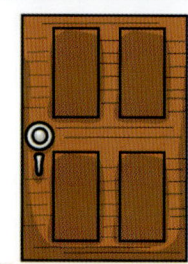

la puerta
the door

la cocina
the kitchen

la ventana
the window

el jardín
the garden

el techo
the ceiling

el piso
the floor

la basura
the garbage

el sillón
the chair

la cama
the bed

la cómoda
the chest of drawers

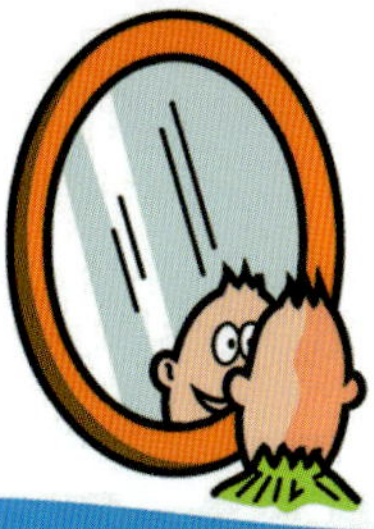

el espejo
the mirror

la estufa
the stove

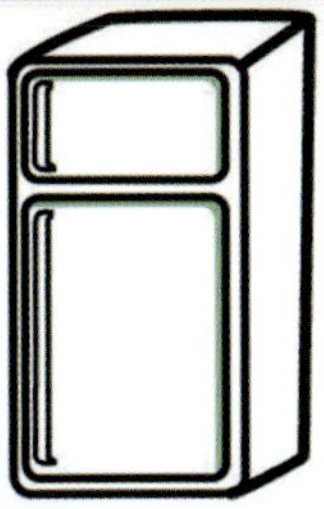

el refrigerador
the refrigerator

la lavadora
the washer

la ducha/bañera
the shower/tub

el inodoro/escusado
the toilet

el lavabo
the sink

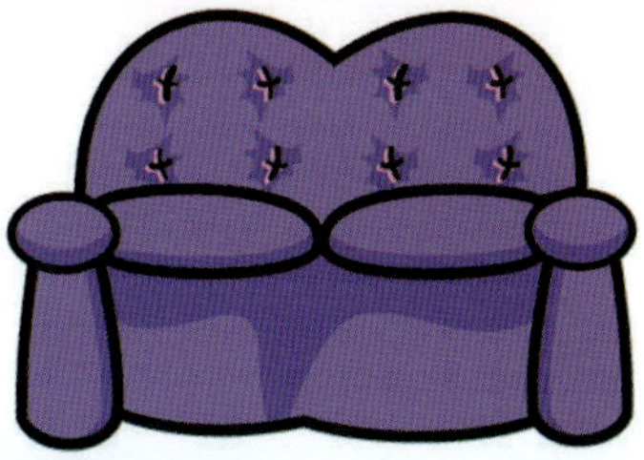

el sofá
the sofa

la lámpara
the lamp

las escaleras
the stairs

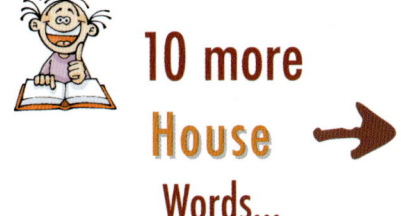

**10 more
House
Words...**

maceta	flower pot	reloj	clock/watch
pared	wall	cojín/almohada	cushion/pillow
adornos	ornaments	candelabro	chandelier
alfombra	carpet	velas	candles
cuadros	paintings	balcón	balcony

91

MI CASA
My house

Mi casa es pequeña y muy bonita.
My house is small and very pretty.

Tiene una sala y un comedor,
It has a living room and a dining room,

dos recámaras con un baño,
two bedrooms with one bathroom,

abro la puerta y está el corredor.
I open the door and there's the hallway.

La cocina es blanca.
The kitchen is white.

Por la ventana veo el jardín.
Through the window I see the garden.

Aquí siempre jugamos
We always play here

con mi hermano, el chiquitín.
with my brother, the small one.

El techo es muy alto,
The ceiling is very high,

y en el piso hay un ratón.
and on the floor there is a mouse.

El gato saca la basura
The cat pulls out the garbage

y la pone en el sillón.
and puts it on the chair.

¡Ven a mi casa!
Come to my house!

Te va a gustar.
You are going to like it.

Solamente a mis amigos,
Only my friends,

yo voy a invitar.
I'm going to invite.

¡Mi casa es tu casa!
My house is your house!

Mi Casa

Questions 19

69	**¿Dónde estás** (tú)? *Where are you?*	(Yo) **Estoy en** <u>la sala</u>. *I am in <u>the living room</u>.*
70	**¿Quién está en** la cocina? *Who is in the kitchen?*	**Mi tía** **está en** la cocina. *<u>My aunt</u> is in the kitchen.*
71	**¿Para qué es** la recámara? *What is the bedroom for?*	**La recámara** **es para** <u>dormir</u>. *The bedroom is for <u>sleeping</u>.*
	¿Para qué son los espejos? *What are (the) mirrors for?*	**Los espejos** **son para** <u>mirar y admirar</u>. *(The) Mirrors are for <u>looking and admiring</u>.*
72	**¿Sirve** la lámpara? *Does the lamp work (serve)?*	**Sí/No, no sirve** la lámpara. *Yes/No, the lamp does not work (serve).*
73	**¿Es cierto?** *Is it true?*	**¡Sí/No, no es cierto!** *Yes/No, it is not true!*

93

© 2009 Risas y Sonrisas Spanish for Kids

y - con - sin - en

HOY

ar	er	ir
o	o	o

tom · **yo**

  **con**  **en**

leche · **caliente** · **galletas** · **cocina**

(Hoy) yo tomo leche caliente con galletas en la cocina.
(Today) I drink hot milk with cookies in the kitchen.

ar	er	ir
a	e	e

habl · **ella**

 **con**  **y**  **en**

oso · **mapache** · **sala** · **oscura**

(Hoy) ella habla con el oso y el mapache en la sala oscura.
(Today) she speaks with the bear and the racoon in the dark living room.

AYER

ar	er	ir
ó	ió	ió

escrib · **él**

 **en**  **con**

cuaderno · **nuevo** · **mano** · **izquierda**

Ayer, él escribió en el cuaderno nuevo con la mano izquierda.
Yesterday, he wrote on the new notebook with the (his) left hand.

ar	er	ir
aste	iste	iste

brinc · **tú**

 **con** 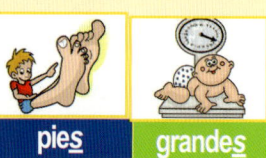 **en**

pies · **grandes** · **cama** · **dura**

Ayer, tú brincaste con los pies grandes en la cama dura.
Yesterday, you jumped with the (your) big feet on the hard bed.

MAÑANA

ar	er	ir
...é	voy a.	

correr · **yo**

  **con**

rápido · **piernas** · **delgadas**

Mañana, yo voy a correr rápido con las piernas delgadas.
Tomorrow, I am going to run fast with the (my) thin legs.

ar	er	ir
	...ás	vas a...

dormir · **tú**

 **en**  **sin**

recámara · **morada** · **luz**

Mañana, tú dormirás en la recámara morada sin luz.
Tomorrow, you will sleep in the purple bedroom without light.

94

ar	er	ir
an	en	en

ustedes

le

  **muchos** **libros** **sin**  **dibujos** **en**  **piso**

(Hoy) ustedes leen muchos libros sin dibujos en el piso.
(Today) you read many books without drawings on the floor.

ar	er	ir
amos	emos	imos

nosotros

vend

  **papas fritas** **con**  **sal y pimienta** **en**  **escaleras**

(Hoy) nosotros vendemos papas fritas con sal y pimienta, en las escaleras.
(Today) we sell french fries with salt and pepper on the stairs.

ar	er	ir
aron	ieron	ieron

ellos

jug

 **en**  **jardín** **con**  **mono** **viejo** **sin**  **dientes**

Ayer, ellos jugaron en el jardín con el mono viejo sin dientes.
Yesterday, they played in the garden with the old monkey without teeth.

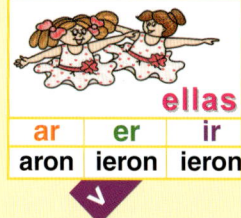

ar	er	ir
aron	ieron	ieron

ellas

v

 **en**  **espejo** **con**  **ojos**  **lengua**  **roja**

Ayer, ellas vieron en el espejo con los ojos, la lengua roja.
Yesterday, they saw on the mirror with the eyes, the red tongue.

ar	er	ir
..emos	vamos a...	

nosotros

comer

  **pulpo** **y**  **camarón** **en**  **comedor**

Mañana, nosotros comeremos pulpo y camarón en el comedor.
Tomorrow, we will eat octopus and shrimp in the dining room.

ar	er	ir
...án	va a...	

usted

venir

 **con**  **hipopótamo** **grande** **y**  **jirafa** **alta**

Mañana, usted va a venir con el hipopótamo grande y la jirafa alta.
Tomorrow, you will come with the big hippo and the tall giraffe.

En el Restaurante
In the Restaurant

¿Dónde estás?	Where are you?
Estoy en la escuela.	I'm at school.
¿Qué hora es?	What time is it?
Son las dos y media.	It is two thirty.
¿Tienes hambre?	Are you hungry?
Sí, yo tengo mucha hambre.	Yes, I'm very hungry.
¿Con quién vas a comer hoy?	Who are you going to have dinner with today?
Con nadie.	With nobody.
¿Quieres ir a un restaurante conmigo?	Do you want to go to a restaurant with me?
¡Sí, claro que sí!	Yes, of course!
¿Qué te gusta más, la comida china o la comida italiana?	What do you like best, Chinese food or Italian food?
Me gusta más la comida china.	I like Chinese food best.
¡Pues, vamos al "Chen-Kam-Pu!"	Well, let's go to "Chen-Kam-Pu!"....
Nos vemos en 15 quince minutos.	See you in 15 fifteen minutes.
¡Está bien!	All right!
(En el restaurante...)	(In the restaurant...)
¿Quién está en esta mesa?	Who is at this table?
Parece que nadie. ¡Siéntate!	It seems that nobody. Sit down!
¿Para qué son estos dos palitos?	What are these two little sticks for?
Esos dos palitos son para comer...	Those two little sticks are for eating...
¡Pero no sirven!	But they don't work!
¡Yo no puedo comer con palitos!	I can't eat with little sticks!
¡No es cierto! ¡Sí sirven, mira!...	It's not true! They do work, look!...

Did you know...

In Latin countries, it is common to see street vendors selling home made food, fresh fruit popsicles and drinks. In Mexico, the "jicameros" sell jicamas, cucumbers, shredded carrots, mangos and pineapple with squeezed lime, salt and "chile piquin" powder sprinkled on top. This is considered a healthy and nutritious popular snack for children when they get out of school. Children eat most of the same foods as adults so they are exposed to a wide variety of flavors at a young age.

Fruta y jicama con chile piquin y limón.   Photo Courtesy of Ma. Luisa Martinez Perez

Remember

Vocabulario Capítulo 6

Comida	Food
agua	water
arroz	rice
azúcar	sugar
carne	meat
dulce	candy/sweet
ensalada	salad
frijoles	beans
galletas	cookies
helado	ice cream
huevos	eggs
jamón	ham
jugo (de naranja)	orange juice
leche	milk
mantequilla	butter
pan	bread
papas fritas	french fries
pastel	cake
pescado	fish
pollo	chicken
queso	cheese
refresco/soda	soda
sal y pimienta	salt and pepper
sopa	soup
tocino	bacon

Mesa	Table
copa	wine glass
cuchara	tablespoon
cucharita	teaspoon
cuchillo	knife
mantel	tablecloth
platito	small plate
plato hondo	bowl
salero y pimentero	salt/pepper shaker
servilleta	napkin
taza	cup
tenedor	fork
vaso	glass
vinagrera	vinegar container (cruet)

Hora	Time
en punto	o'clock
y cuarto	and a quart ¼
y media	and a half ½
hora	hour
minutos	minutes
segundos	seconds

Casa	Home
baño	bathroom
basura	garbage
cama	bed
cocina	kitchen
comedor	dining room
cómoda	chest of drawers
ducha/bañera	shower/tub
escaleras	stairs
espejo	mirror
estufa	stove
inodoro	toilet
jardín	garden
lámpara	lamp
lavabo	sink
lavadora	washer
piso	floor
puerta	door
recámara	bedroom
refrigerador	refrigerator
sala	living room
sillón	arm chair
sofá	sofa
techo	ceiling
ventana	window

Extras	Extras
y/o	and/or
en	in/on
con/sin	with/without
conmigo/contigo	with me/with you
sin mi/sin ti	without me/without you
el,los/la,las	the
un,unos/una,unas	a/some
¿Hay?/Hay	Is there?/There is
¿Hay?/Hay	Are there?/There are

Chapter 7

Places
Where is ...?
To Be - Ser/Estar
Easy Commands
Occupations
To Have/To Be - Tener
Summer Vacations
Picture Sentences
Questions & Answers 74-83
Skit 7 - The Painter Picasso
Cultural Point - Arab Influence
Vocabulary Summary

LOS LUGARES
Places

la piscina
the swimming pool

la tienda
the store

la biblioteca
the library

la escuela
the school

la granja
the farm

el correo
the post office

la ciudad
the city

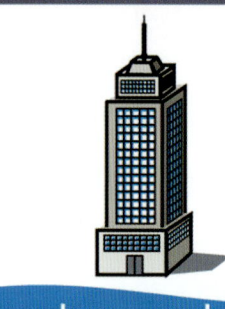

el rascacielos
the skyscraper

el edificio
the building

la iglesia
the church

el campo
the countryside

el teatro
the theatre

el cine *the movie theatre*	**el museo** *the museum*	**el restaurante** *the restaurant*
la estación de tren *the train station*	**el banco** *the bank*	**el parque** *the park*
la casa *the house*	**la gasolinera** *the gas station*	**el supermercado** *the supermarket*
la fábrica *the factory*	**la farmacia** *the drugstore*	**el hospital** *the hospital*

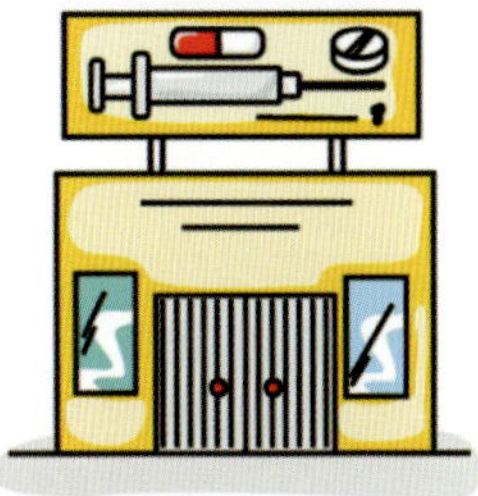

10 more Place  Words...

pan - panadería	*bread - bakery*	juguete - juguetería	*toy - toy store*
dulce - dulcería	*candy - candy shop*	papel - papelería	*paper - office supplies*
carne - carnicería	*meat - meat market*	libro - librería	*book - bookstore*
pastel - pastelería	*cake - bakery*	enfermera - enfermería	*nurse's office*
zapato - zapatería	*flower - florist*	peluquero - peluquería	*barber - barber shop*

LOS LUGARES
The Places

A la piscina, yo voy a nadar.
To the pool, I go to swim.
A la tienda, tú vas a comprar.
To the store, you go to buy.
A la biblioteca, yo voy a leer.
To the library, I go to read.
A la escuela, tú vas a aprender.
To school, you go to learn.
A la granja, yo voy a ayudar.
To the farm, I go to help.
Al correo, tú vas a trabajar.
To the post-office, you go to work.
A la ciudad, yo voy a ver:
rascacielos, edificios y una iglesia.
To the city, I go to see:
skyscrapers, buildings and a church.

Questions 20

74 ¿Qué buscas (tú)**?** *What are you looking for?*	(Yo) **Busco** <u>un</u> **edificio**. *I am looking for a building.*
75 ¿Dónde puedo (yo) **encontrar edificios?** *Where can I **find buildings**?*	(Tú) **Puedes encontrar edificios** en <u>la</u> **ciudad**. *You can **find buildings** in <u>the city</u>.*
76 ¿Adónde vas (tú)**?** *Where are you going?*	(Yo) **Voy** a<u>l supermercado</u>. *I am going to <u>the supermarket</u>.*
77 ¿Está lejos o cerca el supermercado? *Is **the supermarket** far or near?*	**El supermercado** está <u>cerca</u>. *The supermarket is <u>near</u>.*
78 ¿Cómo llego al supermercado? *How do I get to **the supermarket**?*	**Derecho, 2 cuadras y vuelta a la <u>derecha</u>.** *Straight, <u>2 blocks</u> and turn to the <u>right</u>.*

102

¿Dónde está...?
Where is...?

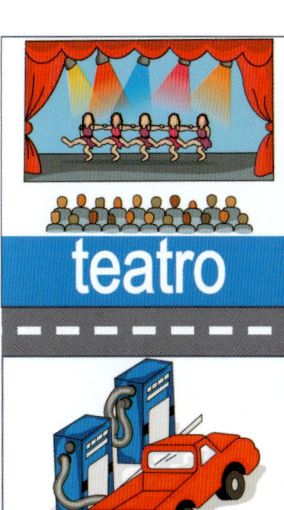
teatro

museo

estación de tren

campo

gasolinera

cine

hospital

fábrica

supermercado

escuela

farmacia

banco

casa

parque

restaurante

ciudad

Está...
It is...

cerca/lejos
near/far

aquí/allá
here/there

derecho
straight

a # cuadras
 # blocks away

al...Norte, Sur, Este, Oeste
to the...North, South, East, West

Da vuelta...
Take a turn...

a la derecha
to the right

a la izquierda
to the left

¿Dónde está el banco? *Where is the bank?*
Está derecho, a una cuadra. *It's <u>straight</u>, one block away.*
Da vuelta a la derecha *Take a <u>right</u> turn*
y está a dos cuadras. *and it's two blocks away.*

103

SER -to be

Description and Possession

Juan es:
un hombre
americano
un atleta
alto y fuerte
campeón de pesas

Las pesas son:
de metal
grandes
negras
pesadas
frías
mías

---

1. Use **ser** to describe a person or a thing and their **permanent characteristics**.

Description

Juan es: *John is:*	Las pesas son: *The weights are:*
un hombre *a man*	de metal *metal*
americano *American*	grandes *big*
un atleta *an athlete*	negras *black*
alto y fuerte *tall and strong*	pesadas *heavy*
campeón de pesas *heavyweight champion*	frías *cold*

2. Use **ser** to indicate **belonging**.

Possession

Juan es: *John is:*	Las pesas son: *The weights are:*
mi hermano *my brother*	**mías** *mine*

3. Use **ser** to tell **time** and to tell where an **event** will take place.

Telling time and Event location

¿Qué hora es?	Es la 1:00 / Son las 3:30.
What time is it?	*It is 1:00 o'clock / It is 3:30.*
¿Dónde es la fiesta?	La fiesta es en casa de María.
Where is the party?	*The party is at Mary's house.*

ESTAR -to be

location:

en el teatro
in the theater

en Texas
in Texas

en la mesa
on the table

temporary condition:

enfermo/a
sick

contento/a
happy

"ing"-ending:

hablando
speaking

---

1. Use **estar** to indicate the **location** of people, places and things.

Location

¿Dónde **está** "Pecoso"?
Where is "Freckles"?

"Pecoso"...**está** en Tejas ...**está** en el teatro ...**está** en la mesa.
"Freckles" ...is in Texas ...is in the theatre ...is on the table

2. Use **estar** to indicate **temporary states** of being - feelings/emotions.

Condition

¿Cómo **está** "Pecoso"?
How is "Freckles" (doing)?

"Pecoso" ...**está** enfermo ...**está** contento.
"Freckles" ...is sick ...is happy

3. Use **estar** with the **present participle**.

Verbs in English ending in "ing" or in Spanish ending in "ando/iendo"

¿Qué **está** haciendo "Pecoso"?
What is "Freckles" doing?

"Pecoso" ...**está** hablando ...**está** viendo a las personas.
"Freckles" ...is speaking ...seeing the people.

105

Remember

SER - *to be*

		Presente	
yo *I*		**soy** *am*	
tú *you*		**eres** *are*	
él *he*		**es** *is*	
ella *she*		**es** *is*	
usted *you*		**es** *are*	
nosotros *we*		**somos** *are*	
ellos *they*		**son** *are*	
ellas *they*		**son** *are*	
ustedes *you*		**son** *are*	

ESTAR - *to be*

		Presente	
yo *I*		**estoy** *am*	
tú *you*		**estás** *are*	
él *he*		**está** *is*	
ella *she*		**está** *is*	
usted *you*		**está** *are*	
nosotros *we*		**estamos** *are*	
ellos *they*		**están** *are*	
ellas *they*		**están** *are*	
ustedes *you*		**están** *are*	

Warning

We use the verb "**to be**" all the time so it is a good idea to learn how to use it in the present tense.
Just remember when to use "ser" and when to use "estar." Sometimes the same word can be used with both but the sentence will have a different meaning...

Yo **soy** listo/a. - *I am smart.*   Yo **estoy** listo/a. - *I am ready.*

Yo **soy** americano/a. - *I am American.*   Yo **estoy** en América. - *I am in America.*

¡Mandatos fáciles! *Easy Commands!*

Just drop the r and watch where you place the vowel stress!

¡Come! *Eat!*	¡Camina! *Walk!*	¡Lee! *Read!*
¡Toma! *Take! Drink!*	¡Corre! *Run!*	¡Ven aquí! *Come here!*
¡Vive! *Live!*	¡Brinca! *Jump!*	¡Baila! *Dance!*
¡Toca! *Touch!*	¡Pregunta! *Ask*	¡Canta! *Sing!*
¡Escucha! *Listen!*	¡Contesta! *Answer!*	¡Ayuda! *Help!*
¡Habla! *Talk!*	¡Escribe! *Write!*	¡Trabaja! *Work!*
¡Vende! *Sell!*	¡Compra! *Buy!*	¡Mira! *Look!*

VERBOS IRREGULARES
Irregular Verbs

Yo soy, tú eres, él es
I am, you are, he is
Yo estoy, tú estás, él está
I am, you are, he is
Yo tengo, tú tienes, él tiene
I have, you have, he has
Yo pongo, tú pones, él pone
I put, you put, he puts
Yo digo, tú dices, él dice
I say, you say, he says
Yo hago, tú haces, él hace
I do(make), you do, he does
Yo quiero, tú quieres, él quiere
I want, you want, he wants
Yo puedo, tú puedes, él puede
I can, you can, he can

EL UNIVERSO

Yo soy un astronauta famoso. Yo estoy en el planetario.

I am a famous astronaut. I am in the planetarium.

Yo tengo un telescopio muy potente.

I have a very powerful telescope.

Las estrellas son enormes pero están muy lejos y parecen ser pequeñas.

The stars are enormous but they are very far and they seem to be small.

¡Mira! Yo puedo ver las estrellas más cerca con el telescopio.

Look! I can see the stars closer with the telescope.

¡Qué interesante!

How interesting!

LAS OCUPACIONES
Occupations

el carpintero
the carpenter

el peluquero
the barber

el/la enfermera/o
the nurse

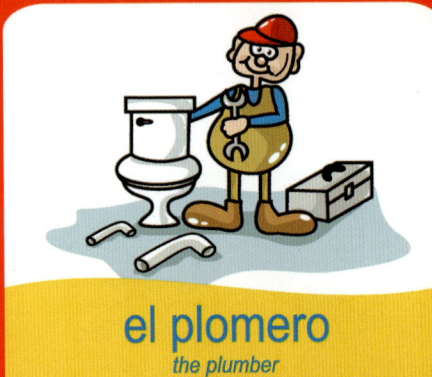

el plomero
the plumber

el cartero
the mailman

la/el mesero/a
the waiter/waitress

el bombero
the fireman

la/el doctor(a)
the doctor

la/el pintor(a)
the painter

la/el profesor(a)
the teacher

la/el vendedor(a)
the salesperson

la/el arquitecto/a
the architect

108

el piloto
the pilot

la/el astronauta
the astronaut

la/el atleta
the athlete

la/el dentista
the dentist

el/la estudiante
the student

la/el cantante
the singer

el/la secretaria/o
the secretary

la/el veterinario/a
the veterinarian

el policía
The police

la/el fotógrafo/a
the photographer

el ama de casa
the housewife

la/el abogado/a
the lawyer

10 more Occupation Words...

el/la soldado/a	the soldier	el/la electricista	the electrician
el/la taxista	the taxi driver	el/la cirujano/a	the surgeon
el/la chofer	the chauffeur, driver	el/la detective	the detective
el/la guía de turistas	the tourist guide	el/la decorador(a)	the decorator
el/la mecánico	the mechanic	el/la administrador(a)	the manager

109

LAS OCUPACIONES
The Occupations

Carpintero, Peluquero, Enfermero,
Carpenter, Barber, Nurse,
Plomero, Cartero, Mesero,
Plumber, Mailman, Waiter,
Bombero, Cocinero y Panadero,
Fireman, Cook and Baker,
ocupaciones que terminan con "ero",
occupations that end with "ero,"
"era" si son mujeres.
"era" if they're women.
Doctor, Pintor, Actor,
Doctor, Painter, Actor,
Profesor, Vendedor, Director,
Professor, Salesman, Director,
Escultor, Escritor, Esquiador,
Sculptor, Writer, Skier,
ocupaciones que terminan con "or",
occupations that end with "or,"
"ora" si son mujeres.
"ora" if they're women.
Arquitecto, Piloto, Astronauta,
Architect, Pilot, Astronaut,
Atleta, Dentista, Florista,
Athlete, Dentist, Florist,
Estudiante, Cantante, Presidente,
Student, Singer, President,
ocupaciones, que terminan diferente.
occupations, that end different.

79 ¿Tú conoces al doctor Fernández? *Do you know (the) Dr. Fernandez?*	**Sí/No, yo no conozco al doctor Fernández.** *Yes/No, I don't know (the) Dr. Fernandez.*
80 ¿Qué hace el doctor? *What does the doctor do?*	**El doctor ayuda a las personas enfermas.** *The doctor helps sick people.*
81 ¿Dónde trabaja la doctora? *Where does the doctor work?*	**La doctora trabaja en el hospital.** *The doctor works in the hospital.*
82 ¿Qué te gustaría ser? *What would you like to be?*	**Me gustaría ser (un/a) veterinario/a.** *I would like to be a veterinarian.*
83 ¿Dónde hay un policía? *Where is (there) a policeman?*	**Hay un policía en el banco.** *There is a policeman in the bank.*

110

TENER -to have

hambre
to be hungry

sed
to be thirsty

calor
to be hot

frío
to be cold

que...
ganas de...
to have to... to be eager to...

sueño
to be sleepy

dinero
to have ...

dolor de...
to have a/n...ache

...años
to be...years old

---

1. **Tener** means "to have" but appears in some common expressions that translate as "to be" in English.

¿**Tienes** hambre o sed?	**Tengo** hambre.
Are you hungry or thirsty? (Do you have hunger or thirst?)	*I am hungry. (Yes, I have hunger).*
¿**Tienes** frío o calor?	**Tengo** calor.
Are you cold or hot? (Do you have coldness or hotness?)	*I am hot (I have hotness).*
¿Cuántos años **tienes**?	**Tengo** # años.
How old are you? (How many years do you have?)	*I am # years old (I have # years).*
¿**Tienes** sueño?	No, no **tengo** sueño
Are you sleepy? (Do you have sleepiness?)	*No, I am not sleepy (No, I don't have sleepiness).*
¿**Tienes** ganas de jugar?	Si, **tengo** ganas de jugar
Are you eager to play? (Do you have desire to play?)	*Yes, I am eager to play. (Yes, I have desire to play).*
¿**Tienes** miedo?	No, no **tengo** miedo.
Are you scared? (Do you have fear?)	*No, I am not scared (No I don't have fear).*
¿**Tienes** dolor de cabeza?	Si, **tengo** dolor de cabeza.
*Do **you have** a head-ache? (Do you have pain of head?)*	*Yes, **I have** a head-ache. (Yes, I have pain of head).*
¿**Tienes** dinero?	No, no **tengo** dinero.
*Do **you have** money?*	*No, **I don't have** money.*

111

TENER
To have

Tengo hambre, quiero comer
I am hungry, I want to eat

Tengo sed, quiero beber
I am thirsty, I want to drink

Tengo frío, tápame
I am cold, cover me

Tengo calor, destápame
I am hot, uncover me

Tengo miedo, prende la luz
I am scared, turn the light on

Tengo ocho años y soy feliz
I am eight and I'm happy

Tengo sueño, quiero dormir
I am sleepy, I want to sleep

¡Tengo ganas de jugar!
I am...eager to play!

Remember

Just as we use "to be" all the time with **ser** and **estar**, there are also common expressions with "to be" where we use **tener** instead. So it is also a good idea to learn how to use **tener** in the present tense.

TENER - *to have (to be)*			
		Presente	
yo	I	**tengo**	have
tú	you	**tienes**	have
él	he	**tiene**	has
ella	she	**tiene**	has
usted	you	**tiene**	have
nosotros	we	**tenemos**	have
ellos	they	**tienen**	have
ellas	they	**tienen**	have
ustedes	you	**tienen**	have

112

LAS VACACIONES DE VERANO

Voy a ir Voy Fuí a México
a visitar a nuestra familia.

Vamos a ver Vemos Vimos muchas
cosas interesantes.

Vamos a caminar Caminamos
Caminamos casi dos millas cada día.

Vamos a hablar Hablamos
Hablamos con gente muy amable.

Mi mamá va a comprar compra compró
artesanías y yo voy a practicar practico
practiqué español con los vendedores.

Tú vas a tomar tomas tomaste
muchas fotos y vas a escribir
escribes escribiste un itinerario de
nuestro viaje.

Vamos a comer Comemos Comimos en
restaurantes de comida típica mexicana.
Vamos a tomar Tomamos Tomamos
jugos y aguas frescas de muchos
sabores.

Los niños van a ir van fueron a
los parques y van a jugar juegan jugaron
en los columpios y las resbaladillas.

Por último, vamos a pasar pasamos
pasamos unos días en la playa.

Vamos a ir Vamos Fuimos al
aeropuerto a las 9:00 de la mañana.

Y vamos a regresar regresamos
regresamos a la casa en la tarde.

EL FIN

SUMMER VACATIONS

I'm going to go I go I went to Mexico
to visit our family.

We are going to see We see We saw many
interesting things.

We are going to walk We walk
We walked almost two miles each day.

We're going to speak We speak
We spoke with very kind people.

My mom is going to buy buys bought
handcrafts and I am going to practice I practice
I practiced Spanish with the vendors.

You are going to take You take You took
many pictures and you're going to write
you write you wrote an itinerary of
our trip.

We are going to eat We eat We ate in
restaurants of typical Mexican food.
We are going to drink We drink We drank
juices and fresh drinks of many
flavors.

The kids are going to go go went to
the parks and they are going to play play played
on the swings and the slides.

Finally, we are going to spend we spend
we spent some days in the beach.

We are going to go We go We went to the
airport at 9:00 in the morning.

And we are going to return we return
we returned back home in the afternoon.

THE END

Choose to speak in the present, the past or the future by reading one highlighted color along with the words that are not highlighted in the story.

113

y - con - sin - en - para - a

HOY

trabaj

ar	er	ir
as	es	es

tú

 en   para

fábrica · pequeña · comprar · computadora · nueva

(Hoy) tú trabajas en la fábrica pequeña para comprar una computadora nueva.
(Today) you work in the small factory (in order) to buy a new computer.

habl

ar	er	ir
a	e	e

él

 con  en  y en

enfermera · triste · hospital · famacia

(Hoy) él habla con la enfermera triste en el hospital y en la farmacia.
(Today) he speaks with the sad nurse in the hospital and in the drugstore.

AYER

compr

ar	er	ir
aron	ieron	ieron

ustedes

 y  para  en

mochilas · libros · vender · escuela · vieja

Ayer, ustedes compraron las mochilas y los libros para vender en la escuela vieja.
Yesterday, you bought the back-packs and the books (in order) to sell in the old school.

com

ar	er	ir
ó	ió	ió

ella

  y  en  sin

ensalada · carne · arroz · restaurante · sillas

Ayer, ella comió la ensalada, la carne y el arroz en el restaurante sin sillas.
Yesterday, she ate the salad, the meat and the rice in the restaurant without chairs.

MAÑANA

ir

ar	er	ir
...án	van a...	

ellos

 a  para  a

estación de tren · venir · granja · amarilla

Mañana, ellos irán a la estación de tren para venir a la granja amarilla.
Tomorrow, they will go to the train station (in order) to come to the yellow farm.

ar	er	ir
...é	voy a...	

yo · caminar

 con  para  en

lobo · escribir · libro · rosado

Mañana, yo voy a caminar con el lobo para escribir en el libro rosado.
Tomorrow, I am going to walk with the wolf (in order) to write in the pink book.

114

and - with - without - in/on - (in order) to/for - to

ar	er	ir
amos	emos	imos

compr

nosotros

  **para**  **en**

sombrero | **café** | **cantante** | **teatro**

(Hoy) nosotros compramos el sombrero café para el cantante en el teatro.

(Today) we buy the brown hat for the singer in the theatre.

ella

ar	er	ir
a	e	e

escrib

 **a**  **en**  **con**

abogado | **papel** | **pluma** | **azul**

(Hoy) ella escribe (a+el) al abogado en el papel con la pluma azul.

(Today) she writes to the lawyer on the paper with the blue pen.

ustedes

ar	er	ir
aron	ieron	ieron

v

  **y**  **con**  **en**

estufa | **refrigerador** | **vendedor** | **tienda**

Ayer, ustedes vieron la estufa y el refrigerador con el vendedor en la tienda.

Yesterday, you saw the stove and the refrigerator with the salesman in the store.

yo

ar	er	ir
é	í	í

corr

 **sin**  **en**  **para**  **a**

zapatos | **campo** | **ir** | **piscina**

Ayer, yo corrí sin zapatos en el campo para ir a la piscina.

Yesterday, I ran without shoes in the countryside (in order) to go to the pool.

ellas

ar	er	ir
...án	van a...	

preguntar

 **para**  **en**

contestar | **cuaderno** | **anaranjado**

Mañana, ellas van a preguntar para contestar en el cuaderno anaranjado.

Tomorrow, they are going to ask (in order) to answer in the orange notebook.

tú

ar	er	ir
...ás	vas a...	

tocar

  **y**  **con** 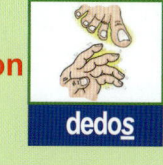 **y**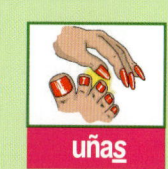

pies | **piso** | **dedos** | **uñas**

Mañana, tú tocarás los pies y el piso con los dedos y las uñas.

Tomorrow, you will touch your (the) feet and the floor with your (the) fingers and your (the) nails.

El Pintor Picasso
The Painter Picasso

¿Qué buscas?	What are you looking for?
Busco mi cartera negra.	I am looking for my black wallet.
¿Adónde vas?	Where are you going?
Voy al Museo de Arte Moderno.	I am going to the Modern Art Museum.
¿Tú sabes cómo llegar al museo?	Do you know how to get to the museum?
Sí, está cerca de la Universidad Nacional.	Yes, it is close to the National University.
Hoy, hay una exposición de arte del pintor Pablo Picasso.	Today, there is an art exhibition of the painter Pablo Picasso.
¿Tú conoces el arte del pintor Picasso?	Are you familiar with the art of the painter Picasso?
Sí, es muy moderno. En mi casa	Yes, it is very modern. In my house
hay dos pinturas de Picasso en la sala.	there are 2 paintings of Picasso in the living room.
¡No puede ser!	It can't be!
¡Tu papá debe ser muy rico!	Your dad must be very rich!
¿Cómo crees eso?	How can you believe that?
No, las pinturas	No, the paintings
no son originales, son copias.	are not originals, they are copies.
Pues entonces, ¿qué hace tu papá?	Well then, what does your dad do?
Mi papá es director de orquesta.	My dad is an orchestra director.
¡Ah, entiendo!	Oh, I understand!
Y a ti, ¿qué te gustaría ser en el futuro?	And you, what would you like to be in the future?
A mí me gustaría ser un/a pintor/a famoso/a como Picasso.	Me, I would like to be a famous painter like Picasso.
¡Ajá...no cuesta nada soñar!	Yeap...it doesn't cost anything to dream!

Did you know...

The combination of all the different cultures that have had an influence in Spain is part of what makes this country so unique and beautiful. For example, the Moors (North African Muslims of Arabic descent) ruled Spain over one thousand years ago. The strong Arab influence can be appreciated in their architecture, decorations, food, language, music and dances. When the Spanish came to the New World, they brought their culture and language with them. We can experience their influence in all of Latin America today.

Cordoba's Mezquita, Spain   Photos Courtesy of Valentín Gómez Montes

117

Remember

Vocabulario Capítulo 7

Lugares	Places	Ocupaciones	Occupations
banco	bank	el/la abogado/a	lawyer
biblioteca	library	el ama de casa	house wife
campo	countryside	el/la arquitecto/a	architect
casa	house	el/la astronauta	astronaut
cine	movie theater	el/la atleta	athlete
ciudad	city	el bombero	fireman
correo	post office	el/la cantante	singer
edificio	building	el/la carpintero/a	carpenter
escuela	school	el cartero	mailman
estación de tren	train station	el/la dentista	dentist
fábrica	factory	el/la doctor(a)	doctor
farmacia	drug store	la/el enfermera/o	nurse
gasolinera	gas station	el/la estudiante	student
granja	farm	el/la fotógrafo/a	photographer
hospital	hospital	el/la mesero/a	waiter/waitress
iglesia	church	el/la peluquero/a	barber
museo	museum	el/la piloto	pilot
parque	park	el/la pintor(a)	painter
piscina	swimming pool	el/la plomero(a)	plumber
el rascacielos	skyscraper	el/la policía	police
restaurante	restaurant	el/la profesor(a)	professor
supermercado	supermarket	la/el secretaria/o	secretary
teatro	theater	el/la vendedor(a)	salesman/woman
tienda	store	el/la veterinario/a	veterinary

Extras	Extras
por/para	for/to
entonces	then
a	to
de	of/from
sí/si	yes/if
a veces	sometimes
siempre/núnca	always/never
todo/algo/nada	all/some/nothing
alguien/nadie	somebody/nobody
desde/hasta	from/until
cada	each

Chapter 8

Clothing
Whose is it/are they?
Farm Animals
Animal Sounds
Picture Sentences
Coloring Notebook
Questions & Answers 84-90
Skit 8 - My Friend Pancho's Farm
Cultural Point - The Piñata
Vocabulary Summary

LA ROPA

Clothes

el pantalón
the pants

la camisa
the shirt

los zapatos
the shoes

el vestido
the dress

la falda
the skirt

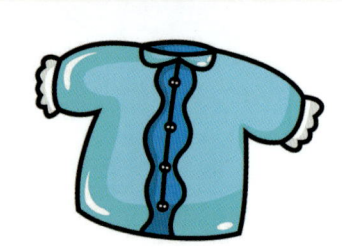

la blusa
the blouse

los calcetines
the socks

la corbata
the tie

el cinturón
the belt

los aretes
the earrings

el collar
the necklace

el anillo
the ring

120

la pulsera /el brazalete
the bracelet

la bolsa
the purse/bag

las sandalias
the sandals

el abrigo
the coat

la chaqueta
the jacket

el suéter
the sweater

el sombrero
the hat

las botas
the boots

los guantes
the gloves

el calzón
the underpants

la camiseta
the t-shirt

el traje de baño
the bathing suit

10 more Clothing Words... →

bufanda	*scarf*	leotardo	*leothard*
orejeras	*earmuffs*	mallas	*leggings*
ropa interior	*underwear*	medias	*stockings*
traje	*suit*	zapatos de tacón	*high heel shoes*
sudadera	*sweat shirt*	chanclas	*flip-flops*

121

LA ROPA
The Clothes

Lavo, lavo mi pantalón,
I wash, I wash my pants,
mi pantalón, mi pantalón.
my pants, my pants.
Lavo, lavo mi pantalón
I wash, I wash my pants
temprano en la mañana.
early in the morning.
Plancho, plancho mi camisa,
I iron, I iron my shirt,
mi camisa, mi camisa.
my shirt, my shirt.
Plancho, plancho mi camisa
I iron, I iron my shirt
temprano en la mañana.
early in the morning.
Limpio, limpio mis zapatos,
I clean, I clean my shoes,
mis zapatos, mis zapatos.
my shoes, my shoes.
Limpio, limpio mis zapatos
I clean, I clean my shoes
temprano en la mañana.
early in the morning.
Yo me pongo mi vestido,
I put on my dress,
mi falda y mi blusa.
my skirt and my blouse.
Yo me quito mis calcetines,
I take off my socks,
mi corbata y cinturón.
my tie and my belt.

84 ¿Qué ropa llevas (tú)**?** *What clothes are you wearing (taking)?*	(Yo) **Llevo** <u>unos zapatos y una corbata</u>. *I am wearing (taking)* <u>some shoes and a tie</u>.
85 ¿Qué talla eres (tú)**?** *What size are you?*	(Yo) **Soy talla mediana/chica/grande**. *I am size* <u>medium/small/large</u>.
86 ¿De quién es el vestido? *Whose dress is this? (Of who is the dress?)*	*El vestido es mío*. *The dress is* <u>mine</u>.
¿De quién son las sandalias? *Whose sandals are they? (Of who are the sandals?)*	*Las sandalias son de ella (suyas)*. *The sandals are* <u>(of) hers</u>.
87 ¿Para quién es el sombrero? *Who is the hat for?*	*El sombrero es para ti*. *The hat is for* <u>you</u>.
¿Para quién son las botas? *Who are the boots for?*	*Las botas son para mí*. *The boots are for* <u>me</u>.

¿De quién es? ¿De quién son?   Whose is it? Whose are they?

	 sombrero	 zapatos	 camisa	 botas
 **yo**	**Es mi sombrero.** *It's my hat.* **El sombrero es mío.** *The hat is mine.*	*Son* **mis zapatos.** *They're my shoes.* **Los zapatos** *son* **míos.** *The shoes are mine.*	**Es mi camisa.** *It's my shirt.* **La camisa es mía.** *The shirt is mine.*	*Son* **mis botas.** *They're my boots.* **Las botas** *son* **mías.** *The boots are mine.*
 **tú**	**Es tu sombrero.** *It's your hat.* **El sombrero es tuyo.** *The hat is yours.*	*Son* **tus zapatos.** *They're your shoes.* **Los zapatos** *son* **tuyos.** *The shoes are yours.*	**Es tu camisa.** *It's your shirt.* **La camisa es tuya.** *The shirt is yours.*	*Son* **tus botas.** *They're your boots.* **Las botas** *son* **tuyas.** *The boots are yours.*
 **nosotros**	**Es nuestro sombrero.** *It's our hat,* **El sombrero es nuestro.** *The hat is ours.*	*Son* **nuestros zapatos.** *They're our shoes.* **Los zapatos** *son* **nuestros.** *The shoes are ours.*	**Es nuestra camisa.** *It's our shirt.* **La camisa es nuestra.** *The shirt is ours.*	*Son* **nuestras botas.** *They're our boots.* **Las botas** *son* **nuestras.** *The boots are ours.*
 **él/ella /usted ellos/ellas /ustedes** he/she/you/they	**Es su sombrero.** *It's his/her/your/their hat.* **El sombrero es suyo.** *The hat is his/hers/yours/theirs.*	*Son* **sus zapatos.** *They're his/her/your/their shoes.* **Los zapatos** *son* **suyos.** *The shoes are his/hers/yours/theirs.*	**Es su camisa.** *It's his/her/your/their shirt.* **La camisa es suya.** *The shirt is his/hers/yours/theirs.*	*Son* **sus botas.** *They're his/her/your/their boots.* **Las botas** *son* **suyas.** *The boots are his/hers/yours/theirs.*

123

LOS ANIMALES DE LA GRANJA
Farm Animals

el caballo
the horse

la oveja
the lamb

la vaca
the cow

el puerco
the pig

el pájaro
the bird

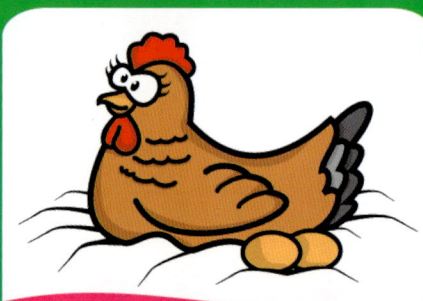

la gallina
the hen

el pollito
the chick

la mariposa
the butterfly

la cabra
the goat

el perro
the dog

el gato
the cat

la abeja
the bee

124

el burro
the donkey

la rana
the frog

la lagartija
the lizard

el ratón
the mouse

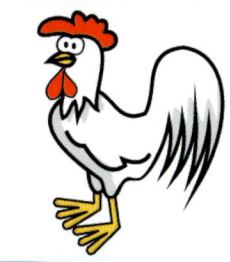

el gallo
the rooster

el conejo
the rabbit

los peces
the fish

el pato
the duck

la tortuga
the turtle

el ganso
the goose

el pavo
the turkey

la hormiga
the ant

10 more Animal Words...

gusano	*caterpillar*	pulga	*flea*
araña	*spider*	mosca	*fly*
lombriz	*earthworm*	mantis religiosa	*praying mantis*
caracol	*snail*	luciérnaga	*firefly*
garrapata	*tick*	libélula	*dragonfly*

125

LOS ANIMALES DE LA GRANJA
The Farm Animals

Caballo - *horse* **Oveja** - *lamb*
Vaca - *cow* **Puerco** - *pig*
Pájaro - *bird* **Gallina** - *hen*
Pollito *is baby chicken*
Mariposa - *butterfly*
Cabra - *goat* **Perro** - *dog*
Gato - *cat* **Abeja** - *bee*
El burro *is the donkey*

¿Cómo hace(n)...?

 El caballo hace **jiiiii-jiiiii** *(relincha)*

La vaca hace **muuu-muuu** *(muge)*

 El puerco hace **oink-oink** *(gruñe)*

El pollito hace **pío- pío- pío** *(pía)*

 La gallina hace **cacaracá** *(cacarea)*

El pájaro hace **fíu-fíu-fíu** *(trina)*

 El perro hace **guau-guau** *(ladra)*

El gato hace **miau, miau** *(maúlla)*

 La abeja hace **bzzz-bzzz** *(zumba)*

El burro hace **iii-jaa-iii-jaa** *(rebuzna)*

 La oveja y la cabra hacen **beee-beee** *(balan)*

126

88 ¿Cuál es más grande, la vaca o el perro?	La vaca es más grande que el perro.
Which is **bigger** (more big), **the cow** or **the dog**?	The cow is **bigger** (more big) than **the dog**.
89 ¿Cómo hace el gallo?	El gallo hace así: qui-quiri-quí.
How does **the rooster** sound?	The rooster sounds like this: qui-quiri-qui.
¿Cómo hacen los pollitos?	Los pollitos hacen así: pío-pío-pío.
How do **the baby chicks** sound?	The chicks sound like this: pío-pío-pío.
90 ¿Qué está haciendo la cabra?	La cabra está tomando agua y comiendo.
What is **the goat** doing?	The goat is drinking water and eating.

Comparativos Comparatives

This hamburger
is **the biggest.**

This hamburger
is **the smallest.**

Esta hamburguesa
es la más grande.

Esta hamburguesa
es la más pequeña.

Esta hamburguesa
es más pequeña que la otra.

Esta hamburguesa
es más grande que la otra.

This hamburger
is **smaller than** the other.

This hamburger
is **bigger than** the other.

La hamburguesa es tan deliciosa como la pizza.

The hamburger is **as** delicious **as** the pizza.

127

y - con - sin - en - para - a - de

HOY

yo

ar	er	ir
o	o	o

ve

 en  de  de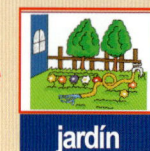

escritorio — **recámara** — **basura** — **jardín**

(Hoy) yo veo en el escritorio de la recámara, la basura (de+el) del jardín.
(Today) I see on the desk of the bedroom, the trash of the garden.

tú

ar	er	ir
as	es	es

brinc **corr**

 y  en  de

comedor — **casa** — **nueva**

(Hoy) tú brincas y corres en el comedor de la casa nueva.
(Today) you jump and run in the dining room of the new house.

AYER

ellos

ar	er	ir
aron	ieron	ieron

escuch

 **15** quince  burro**s**  cantar en  de

bañera — **baño**

Ayer, ellos escucharon quince burros cantar en la bañera (de+el) del baño.
Yesterday, they heard 15 donkeys sing in the bathtub of the bathroom.

yo

ar	er	ir
é	í	í

bail

 en  con   de

teatro — **perro** **gris** — **tienda**

Ayer, yo bailé en el teatro con el perro gris de la tienda.
Yesterday, I danced in the theatre with the gray dog of the store.

MAÑANA

él

ar	er	ir
...á		va a...

caminar

 con   de

profesor **joven** — **escuela**

Mañana, él va a caminar con el profesor joven de la escuela.
Tomorrow, he is going to walk with the young teacher of the school.

ustedes

ar	er	ir
...án		van a...

hablar

 con  de  en

cantante — **iglesia** — **computadora**

Mañana, ustedes hablarán con el cantante de la iglesia en la computadora.
Tomorrow, you will speak with the singer of the church in the computer.

and - with - without - in/on - *(in order)* to/for - to - of/from

ar	er	ir
amos	emos	imos

vend

  en  de

peces grandes | ventana | edificio

(Hoy) nosotros vendemos peces grandes en la ventana (de+el) del edificio.
(Today) we sell big fishes on the window of the building.

ellas

ar	er	ir
an	en	en

com

  y  de

pavo | huevos calientes | granja

(Hoy) ellas comen el pavo y los huevos calientes de la granja.
(Today) they eat the turkey and the hot eggs from the farm.

ustedes

ar	er	ir
aron	ieron	ieron

compr

   de  en

vaca blanca | veterinario | supermercado

Ayer, ustedes compraron la vaca blanca (de+el) del veterinario en el supermercado.
Yesterday, you bought the white cow of the veterinarian in the supermarket.

tú

ar	er	ir
aste	iste	iste

dorm

 sin 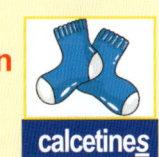 y sin   de

calcetines | guantes verdes | estudiante

Ayer, tú dormiste sin los calcetines y sin los guantes verdes de la estudiante.
Yesterday, you slept without the socks and without the green gloves of the student.

ellas

ar	er	ir
...án		van a...

ayudar

 a  con  y

atleta | camiseta | pantalones viejos

Mañana ellas ayudarán (a+el) al atleta con la camiseta y los pantalones viejos.
Tomorrow they will help - the athlete with the T-shirt and the old pants.

nosotros

ar	er	ir
...emos		vamos a...

ir

 a  de  con

rascacielos | ciudad | lagartija

Mañana nosotros iremos (a+el) al rascacielos de la ciudad con la lagartija.
Tomorrow we will go to the skyscraper of the city with the lizard.

129

La Granja de mi amigo Pancho
My friend Pancho's farm

¿Qué vas a hacer en tus vacaciones?	*What are you going to do on your vacations?*
Voy a ir a la granja de mi amigo Pancho.	*I am going to go to the farm of my friend Pancho.*
Y ¿qué hay en su granja?	*What is (there) in his farm?*
Hay caballos, vacas, puercos, gallos y gallinas.	*There are horses, cows, pigs, roosters and hens.*
¿Te gusta como hacen los gallos por la mañana?	*Do you like how the roosters sound in the morning?*
No, los gallos siempre me despiertan con su qui-quiri-quí.	*No, the roosters always wake me up with their cocka-doodle-do.*
A mí también. Oye, ¿llevas un buen sombrero para el sol?	*Me too. Listen, are you taking a good hat for the sun?*
(buscando en el cajón...)	*(searching in the drawer...)*
Sí. ¿De quién son estos pantalones vaqueros?	*Yes. Who's are these blue-jean (cowboy) pants?*
Son míos.	*They're mine.*
¿Qué talla eres?	*What size are you?*
Soy talla mediana.	*I am medium size.*
¡Perfecto! ¿Me prestas tus pantalones?	*Perfect! Can you lend me your pants?*
¿Qué estás haciendo?	*What are you doing?*
¡Cierra mi cajón!	*Shut my drawer!*
Estoy buscando camisetas y calcetines…	*I am looking for T-shirts and socks…*
¡Cierra mi cajón!	*Shut my drawer!*
Pero, ¿por qué? ¡También es mío!	*But, why? It is mine too!*
¡Ay Chihuahua!…¿Para quién es este regalo?	*Woooh! Who is this present for?*
Es un regalo sorpresa que…	*It is a surprise present that…*
¡YA, NO ES SORPRESA!	*IS NOT A SURPRISE ANYMORE!*
¡Uuups, perdón!	*Ooops, I'm sorry!*

Did you know...

Hispanics can always find an excuse to celebrate, be it a religious festival, birthday or a national holiday. "Fiestas" are an important aspect of the Latin culture for young and old alike. You'll find adults at children's parties and children at adult's parties - with lots of food, dancing, joke telling, and breaking the "piñata." The "piñata's" origins are not well established. Some believe it symbolizes working hard to find the blessings in life with your eyes covered. The traditional Christmas "piñata" is a star with seven points, made with a clay pot full of candy, fruit and small toys and covered with colorful strips of paper. Children's eyes are covered with a scarf, and they hit the hanged "piñata" with a stick until it breaks. Then they rush to get as much candy as they can gather. As they take turns to break the "piñata" they sing the following song:

Dale, dale, dale,	Hit it, hit it, hit it,
no pierdas el tino.	don't lose your aim.
Porque si lo pierdes,	Because if you lose it
pierdes el camino.	you will lose your way!

131

CUADERNO DE COLOREAR

Coloring Notebook

La. la, la, la, la ,la, la.......

Flores y árboles, Flowers and trees,

cielos y nubes, skies and clouds,

soles y lunas, suns and moons,

niños y animales. children and animals.

Todos tenemos ese cuaderno,

We all have that notebook,

todos tenemos que colorear.

we all have something to color.

Pinta hojas verdes, Paint green leaves,

cielos azules, blue skies,

gente sonriendo people smiling,

y todo es mejor. and everything is better.

Pinta tu mundo con alegría,

Paint your world with joy,

pinta tu vida con el amor.

paint your life with love.

La, la, la, la, la ,la ,la,......

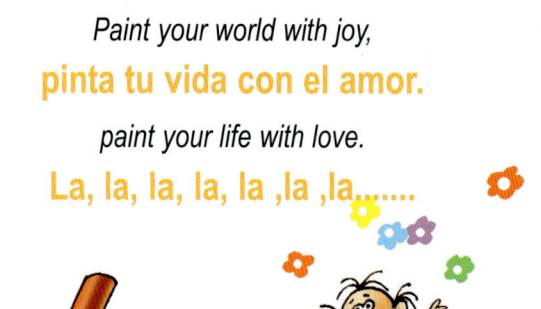

Remember

Vocabulario Capítulo 8

Ropa	Clothes
abrigo	coat
anillo	ring
aretes	earrings
blusa	blouse
bolsa	purse/bag
botas	boots
calcetines	socks
calzones	underpants
camisa	shirt
camiseta	t-shirt
chaqueta	jacket
cinturón	belt
collar	necklace
corbata	tie
falda	skirt
guantes	gloves
pantalón	pants
pulsera	bracelet
sandalias	sandals
sombrero	hat
suéter	sweater
traje de baño	bathing suit
vestido	dress
zapatos	shoes

Extras	Extras
mi(s)	my
tu(s)	your
su(s)	his, her, your, their
nuestro/a(s)	our
mío/a(s)	mine
tuyo/a(s)	yours
suyo/a(s)	his, hers, yours, theirs
nuestro/a(s)	ours

Animales de la Granja	Farm Animals
abeja	bee
burro	donkey
caballo	horse
cabra	goat
conejo	rabbit
gallina	hen
gallo	rooster
ganso	goose
gato	cat
hormiga	ant
lagartija	lizard
mariposa	butterfly
oveja	lamb
pájaro	bird
pato	duck
pavo	turkey
peces	fish
perro	dog
pollito	baby chicken
puerco	pig
rana	frog
ratón	mouse
tortuga	turtle
vaca	cow

Notes